500
plats étudiants

500
plats étudiants

Deborah Gray

Éditions
de La Martinière

Une publication du département éditorial *Art de vie*

Édition originale

Première édition en 2015 par Sellers Publishing, Inc.
161 John Roberts Road, South Portland, Maine 04106
Visit our Web site: www.sellerspublishing.com
E-mail: rsp@rsvp.com
Sous le titre *500 student meals*

Direction éditoriale : Emma Bastow
Édition : Mark Searle
Suivi éditorial : Salima Hirani
Direction artistique : Michael Charles
Maquettiste : Rod Teasdale
Photographies : Ian Garlick
Stylisme culinaire : Lucy Heeley

Édition française

Retrouvez-nous sur :
editionsdelamartiniere.fr
facebook.com/delamartiniere.musteat

Adaptation et réalisation : Agence Media
Traduction : Yann Leclerc

ISBN : 978-2-7324-7166-2
Dépôt légal : septembre 2015

Achevé d'imprimer en avril 2015
par 1010 Printing International Limited, en Chine

Sommaire

Introduction

Étudiants, ce livre est pour vous. Vous, les éternels affamés aux poches trouées, au planning de (futurs) ministres, aux horaires bizarrement décalés... Vous qui n'avez pas le temps de faire les courses, mais vous souciez quand même de bien manger ! Vous qui avez envie de recevoir et de sustenter dignement vos amis, voisins, colocataires..., mais qui n'avez déjà presque plus rien sur votre compte en banque dès le 15 du mois venu. Vous qui avez appris, vers l'âge de 15 ans, à cuire des pâtes, mais qui depuis, vous résolvez à vous nourrir davantage dans les foodtrucks voire les fastfoods de votre quartier... Vous qui êtes à la recherche d'un livre de base qui vous accompagnerait dans votre mission quotidienne de satisfaire à la fois votre gourmandise et vos besoins nutritionnels. Ce livre, le voici !

Un petit budget

Être étudiant rime le plus souvent avec petit budget. Les recettes de ce livre utilisent donc prioritairement les aliments les plus courants, ceux qui sont peu onéreux. Mais elles utilisent également certains restes, vous permettant de ne rien gâcher. Cet ouvrage ne fait pas non plus l'impasse sur les aliments du placard, souvent moins chers et moins chronophages que les produits frais : votre grand-mère peut bien dire le contraire, il est plus rapide d'ouvrir une boîte de tomates pelées que d'acheter de belles tomates bien mûres, de les ébouillanter, de les rafraîchir à l'eau glacée, pour enfin les peler... Sans compter le fait qu'il vaut mieux, en février, de bonnes tomates pelées en boîte que des tomates dures comme des pommes, ayant poussé dans des serres hollandaises !

En grande surface, évitez les pièges des « bonnes affaires » qui vous feront acheter un même produit en lot : vous n'aurez sans doute pas la place pour les stocker efficacement, et vous risquez en plus d'en jeter une partie si vous ne les consommez pas dans les délais impartis...

Le moment des courses est plus que sensible : munissez-vous impérativement d'une liste et efforcez-vous de la suivre à la lettre. Tout élément ajouté à la hâte dans votre caddie et qui ne figurait pas sur votre liste doit être hautement suspecté d'être… en trop ! Pour cela, il y a une règle d'or à ne pas transgresser, sous la forme d'une maxime : « jamais le ventre vide les courses vous ferez ! »

Une alimentation saine

Le mode de vie des étudiants – haché, trépidant, changeant, stressant – n'est guère compatible avec les principes de base d'une alimentation saine : des repas réguliers et répartis sur toute la journée, équilibrés et légers. Ne vous privez pas de ces petits plaisirs culinaires qui font le sel de la vie, mais efforcez-vous, le même jour, de manger des légumes, pour contrebalancer ces excès et parvenir à un équilibre nutrionnel acceptable. Ce livre vous propose de nombreuses recettes équilibrées, mais aussi de vraies gourmandises parfois très caloriques : à consommer avec modération, pour se faire vraiment plaisir !

Les règles de base

Les calories (kcal) sont le carburant de notre organisme, ce sont elles qui fournissent à chacune de nos cellules l'énergie dont elles ont besoin. Le principe est simple : si le corps reçoit davantage de calories qu'il n'en brûle, on grossit. Si, au contraire, il en brûle davantage qu'il en reçoit, on maigrit.

Un jeune étudiant, sportif, aura ainsi besoin, en moyenne, d'un apport journalier de 2 500 kcal, contre 2 000 kcal pour une étudiante (la différence s'explique par une masse musculeuse moins importante chez les femmes – et ce sont les muscles qui consomment le plus de calories).

Encore faut-il que ces calories soient réparties dans les bonnes proportions sur les 3 nutriments de base : les protéines, les glucides et les lipides. Les protéines contiennent les acides aminés qui constituent nos cellules. On en trouve dans la viande, la volaille, le poisson, mais aussi les céréales ou les légumineuses.

Les glucides sont le carburant essentiel de nos cellules. C'est ce que le corps utilise directement pour produire de l'énergie. Il s'agit des sucres rapides, que le corps brûle très rapidement après leur ingestion, et des sucres lents (pain, pommes de terre, riz, pâte...), que le corps assimile plus lentement, permettant de distiller l'énergie sur de longues périodes. C'est pour cette raison que le petit-déjeuner devrait toujours contenir des glucides lents (biscottes, céréales...), de manière à donner à l'organisme les moyens de travailler efficacement jusqu'au déjeuner.

Enfin, les lipides constituent les réserves de l'organisme : celui-ci les stocke et peut les dégrader en glucides lorsqu'il en ressent le besoin. Les huiles sont constituées de 100 % de lipides et le beurre de 82 %. Mais les lipides se cachent partout, notamment dans les biscuits, le pain, les sauces, les desserts, les glaces... Les lipides sont le nutriment le plus énergétique : 9 kcal par gramme (contre 4 kcal pour 1 g de glucides ou de protéines). À noter également qu'il existe de bonnes graisses (insaturées) et des mauvaises (saturées ou trans).

Privilégiez les pains à la farine complète (pain de campagne, pain complet, pain aux céréales...) qui contiennent davantage de fibres et sont en outre dégradés plus lentement par l'organisme. De la même manière, les pâtes et le riz complets sont meilleurs pour la santé que les pâtes et le riz blancs.

Méfiez-vous tout particulièrement des plats préparés, qu'il s'agisse de plats à emporter tout prêts ou à réchauffer chez soi (en barquette, surgelés...) : ils sont le plus souvent gorgés de graisses et de sucre, mais aussi de sel. Or votre corps n'en a pas besoin en de telles proportions !

Apprenez à découvrir la richesse et la saveur des fruits et légumes de saison. Arpentez les allées des marchés et laissez-vous tenter par les jolies couleurs des potirons, des pommes, des tomates, des fraises, des choux, des carottes... Vous découvrirez que cuisiner bon et sain commence en choisissant des produits que l'on a envie de travailler, pour les retrouver dans son assiette... et celle de ses invités.

Le B.A.-BA en cuisine

- Toutes les mesures données dans ce livre le sont toujours à titre indicatif. L'important est de goûter son plat au fur et à mesure de la préparation, et de rectifier l'assaisonnement en fonction des besoins.
- Ne vous laissez pas bloquer par un ingrédient que vous n'aimez pas ou qui ne serait pas disponible au moment où vous préparez la recette. Tous les ingrédients de toutes les recettes peuvent être remplacés par d'autres ingrédients proches, le plus souvent avec la plus grande réussite sur le plan culinaire.
- Aucun four ne chauffe de la même manière qu'un autre : apprenez à connaître le vôtre et ajuste sa température et les durées de cuisson au fur et à mesure.
- Les recettes de ce livre utilisent souvent de l'huile de tournesol, mais vous pouvez la remplacer par une autre huile à la saveur neutre : huile de colza, d'arachide (attention aux allergies), de pépins de raisin... Suivant les recettes, l'huile d'olive peut être remplacée par d'autres huiles parfumées : huile de sésame, huile de noix, huile de noisette...
- Pour peler facilement des tomates, plongez-les 10 à 15 secondes dans une casserole d'eau bouillante, puis prélevez-les à l'écumoire et rafraîchissez-les sous l'eau courante : la peau se retire alors d'elle-même, en longs lambeaux.
- Les herbes fraîches sont toujours plus parfumées que les herbes séchées, même si la dessiccation concentre leur saveur. De manière générale, considère que 1 c. à c. d'herbes séchées correspond à 1 c. à s. d'herbes fraîchement ciselées.
- La couleur des piments n'est pas une indication sur leur piquant : il existe des piments rouges à la saveur douce et des piments verts extrêmement piquants...
- Au cours de vos recettes, n'hésitez pas entailler une viande pour vérifier sa cuisson, à planter un couteau dans un morceau de légume pour vous assurer qu'il est tendre à cœur, à goûter les pâtes pour guetter leur parfaite texture al dente... Dans votre cuisine, c'est vous le chef !

L'hygiène avant tout !

- Gardez votre cuisine (surtout le plan de travail) et vos mains propres.
- Réservez séparément les aliments crus et cuits, pour éviter les contaminations croisées. Considérez que la partie la plus froide de votre réfrigérateur est celle du bas : privilégiez-la pour les fruits et légumes frais.
- Laissez toujours refroidir vos plats avant de les placer au réfrigérateur. Pensez à les recouvrir de film alimentaire, ce qui les empêchera de sécher ou de prendre les odeurs des produits voisins.
- Au réfrigérateur, répartissez vos restes dans des contenants hermétiques, en privilégiant ceux qui sont transparents : vous identifierez ainsi d'un coup d'œil ce qu'ils contiennent. À défaut, gardez des étiquettes adhésives et un marqueur dans votre cuisine...
- Au réfrigérateur, ne conservez pas, même bien emballés, les préparations contenant de la viande ou du poisson plus de 4 jours et les préparations de légumes plus de 6 jours.
- Pour stocker des aliments préparés au congélateur, répartissez-les dans des sacs de taille adaptée et notez bien la date dessus, pour pouvoir vous y retrouver ensuite. Et, bien entendu, ne recongelez jamais un produit ayant déjà été congelé !

L'essentiel du placard

- Sel
- Poivre noir
- Huile de tournesol ou d'arachide
- Vinaigre balsamique
- Vinaigre de cidre
- Sauce soja
- Ketchup
- Moutarde de Dijon
- Moutarde à l'ancienne
- Mayonnaise
- Riz long
- Riz rond (à risotto)
- Pâtes
- Semoule de couscous

- Cubes de bouillon
- Tomates pelées
- Haricots rouges
- Thon au naturel
- Maïs doux en grains
- Lentilles vertes et rouges
- Farine
- Bicarbonate de soude
- Levure chimique
- Herbes de Provence
- Miel
- Sucre (blanc, cassonade, sucre glace)
- Légumes grillés à l'huile
- Olives vertes et noires
- Thé et café

Le périssable incontournable

- Beurre
- Œufs
- Oignons
- Ail
- Fruits et légumes
- Viande, volaille ou poisson

L'équipement de base

- 2 à 3 couteaux bien aiguisés
- Cuillère en bois ou spatule
- Presse-purée
- Presse-ail
- Moulin à poivre
- Ouvre-boîte
- Économe
- Râpe
- Planche à découper
- Jattes
- Passoire
- Tamis ou chinois
- 2 à 3 casseroles
- Poêle antiadhésive
- Plaque de four
- Plats à tarte et à gratin
- Plat adapté à la cuisson au four à micro-ondes, muni d'un couvercle
- Verre mesureur
- Manique
- Assortiment de boîtes hermétiques
- Torchons

Le four à micro-ondes

Le four à micro-ondes est l'outil de cuisson idéal pour les étudiants : il prend peu de place, utilise moins d'électricité, peut être placé sur une étagère ou un simple plan de travail, ne nécessite (quasiment) pas d'ustensiles spécifiques et permet une cuisson rapide et adaptée à une consommation individuelle. Par ailleurs, il est beaucoup plus facile à nettoyer, de même que la vaisselle adaptée… Aujourd'hui, on l'utilise principalement pour chauffer ou réchauffer des aliments préparés, mais il est dommage de ne pas davantage profiter de ses qualités de cuisson : il rend de vrais services pour la cuisine du quotidien, et même celle des grands jours !

Son principe de fonctionnement est simple : il génère des « micro-ondes » dont la particularité est d'agiter les molécules d'eau. Les aliments chauffent ainsi de l'intérieur, la chaleur se communiquant progressivement vers le pourtour. C'est pourquoi il faut être vigilant sur les ustensiles que l'on place dans un four à micro-ondes : jamais de métal (qui, en provoquant des arcs électriques, risquerait de causer un incendie) ni de céramique (qui contient de l'eau). Méfiez-vous notamment des assiettes ornées (le décor contient parfois du métal). En cas de doute… abstenez-vous ! Le papier d'aluminium est également à proscrire, sauf mention spécifique sur l'emballage (il en existe en effet spécialement adpatés au micro-ondes).

Le plastique est le matériau incontournable, même s'il faut se méfier des ustensiles en plastique trop fin comme un gobelet en plastique : même si les micro-ondes ne le chauffent pas directement, l'aliment qu'il contient pourrait, lui, le faire fondre… Pour la même raison, il convient d'utiliser du film alimentaire spécial, sous peine de le voir fondre au contact des aliments brûlants. Dans un four à micro-ondes, pensez à toujours utiliser un récipient muni d'un couvercle, pour une cuisson homogène et de manière à éviter les éclaboussures.

Quelques recettes de base

Il est essentiel de savoir réaliser quelques recettes de base, comme une sauce tomates, une sauce Béchamel ou un bouillon de volaille... À partir de ces recettes, lancez-vous dans d'infinies variations, pour concocter les repas de vos rêves en toute occasion : repas en famille, entre copains, seul ou à deux...

Sauce napolitaine

La sauce tomates de base, prête à intégrer ragoûts, gratins, risottos, plats de pâtes (lasagnes, cannellonis)...

Pour 60 cl de sauce environ	Pour 2,3 litres de sauce environ	Ingrédients
1 c. à s.	125 g	Huile d'olive
1 petit	2 gros	Oignon(s)
1	2	Carotte(s) taillée(s) en julienne
1	8	Gousse(s) d'ail
400 g	1 kg	Tomates pelées
5 cl	20 cl	Vin rouge ou jus de tomate
1 c. à s.	3 c. à s.	Concentré de tomates
1 c. à s.	3 c. à s.	Basilic ciselé
		Sel, poivre du moulin

Faites chauffer l'huile d'olive dans un faitout, ajoutez l'oignon, la carotte et l'ail et faites suer 5 min à feu moyen. Ajoutez les tomates pelées, le vin rouge et le concentré de tomates, laissez mijoter à couvert 30 min. Servez tel quel ou mixez avec un mixeur plongeant, pour obtenir une texture bien lisse.

Sauce Béchamel

La sauce Béchamel est si facile à réaliser à la maison, il est vraiment dommage de l'acheter déjà prête... De plus, c'est l'occasion de la personnaliser en fonction de la recette : du fromage et un jaune d'œuf pour une sauce Mornay, un peu de concentré de tomates pour une sauce aurore...

Pour 35 cl de béchamel	**Pour 1,5 litre de béchamel**	**Ingrédients**
40 g	125 g	Beurre
40 g	125 g	Farine
30 cl	1,3 litre	Lait demi-écrémé
1 pincée	½ c. à c.	Sel
½ tour	3 à 4 tours	Poivre du moulin
1 pincée	3 pincées	Noix muscade râpée

Faites fondre le beurre dans une casserole à feu moyen, puis ajoutez la farine en une fois. Délayez progressivement avec le lait froid, puis portez à frémissements sans cesser de mélanger. Salez, poivrez et muscadez en fin de cuisson. Laissez refroidir hors du feu en mélangeant régulièrement pour empêcher la formation d'une peau.

Bouillon de volaille

L'idéal est toujours de préparer son propre bouillon de volaille, prêt à intégrer de nombreuses recettes de ce livre. Utilisez pour cela une carcasse de poulet cru, dont vous aurez employé la chair pour une autre recette. Ce bouillon se congèle parfaitement, par exemple dans des sachets à glaçons : ainsi vous aurez tout le temps sous la main l'exacte quantité dont vous avez besoin...

1 carcasse de poulet (y compris la peau)
1 gros oignon
1 carotte
1 branche de céleri
1 gousse d'ail
2 feuilles de laurier
1 carotte
1 vert de poireau
½ botte de persil plat
½ c. à c. de sel
10 grains de poivre

Déposez tous les ingrédients dans un faitout, couvrez de 2 à 3 litres d'eau et portez à frémissements. Couvrez et laissez mijoter au moins 1 h (idéalement, 3 h). Écumez régulièrement au cours de la cuisson.

Laissez complètement refroidir, puis dégraissez le bouillon (la graisse est figée en surface). Passez au chinois et réservez dans des bouteilles, au frais. Consommez dans les 5 jours.

Pour préparer un bouillon de légumes, procédez à l'identique en supprimant la carcasse de volaille et en utilisant 5 carottes, 3 poireaux, 3 branches de céleri et 3 navets.

Brunch et petit-déjeuner

Comme un moteur doit être alimenté en essence, le cerveau a besoin de carburant pour fonctionner : c'est pourquoi il important, notamment pour les étudiants, de ne pas sauter le petit-déjeuner. Les céréales, sous toutes leurs formes (muesli, avoine, farine de blé...) apporteront les glucides complexes, dont l'organisme tirera de l'énergie tout au long de la matinée. Quelques fruits frais seront par ailleurs précieux pour leurs vitamines.

Pancakes à l'avoine et aux myrtilles

Pour 10 pancakes environ

L'ajout de flocons d'avoine dans les pancakes leur apporte une texture plus souple et plus moelleuse. N'hésitez pas à préparer la pâte jusqu'à 2 heures à l'avance : elle gonflera légèrement. Le cas échéant, vous pouvez la délayer avec un peu de lait.

1 œuf
1 yaourt brassé
12,5 cl de jus d'orange
½ c. à c. d'extrait de vanille liquide (facultatif)
50 g de farine complète
½ sachet de levure chimique
¼ de c. à c. de bicarbonate de soude
2 c. à s. de sucre en poudre
40 g de flocons d'avoine
1 pincée de sel
100 g de myrtilles
Huile de tournesol

Cassez l'œuf dans une jatte, incorporez le yaourt, le jus d'orange et l'extrait de vanille liquide, si vous le souhaitez. Incorporez la farine, la levure chimique, le bicarbonate de soude, le sucre en poudre, les flocons d'avoine et le sel. Travaillez la pâte pour obtenir une consistance fluide. Incorporez délicatement les myrtilles.

Faites chauffer une grande poêle à feu moyen. Huilez-la délicatement, en badigeonnant la poêle d'huile de tournesol, avec une feuille de papier absorbant. Déposez-y des louchées de pâte, bien espacées. Faites-les cuire 2 à 3 min de chaque côté, en guettant l'apparition de petites bulles serrées sur le dessus avant de les retourner à la spatule. Faites cuire ainsi tous les pancakes, en réservant au chaud les pancakes cuits, au fur et à mesure.

Voir variantes p. 30

Haricots à la tomate et au chorizo, toasts grillés

Pour 2 personnes

Ce classique britannique est l'une des meilleures façons de commencer la journée en faisant le plein d'énergie... Mais rien n'interdit de le servir au déjeuner, avec une salade verte bien assaisonnée !

2 c. à s. d'huile d'olive
1 petit chorizo, coupé en rondelles
1 petit oignon, émincé
2 petites gousses d'ail
400 g de haricots blancs au naturel, égouttés et rincés
200 g de tomates pelées
10 cl de bouillon de volaille
1/4 de c. à c. d'herbes de Provence
Sel, poivre du moulin
4 tranches de pain de campagne ou de pain au levain

Faites chauffer 1 c. à s. d'huile d'olive dans une casserole, ajoutez les rondelles de chorizo et faites suer 2 min en mélangeant régulièrement. Ajoutez l'oignon et 1 gousse d'ail, hachée. Laissez cuire 5 min à feu doux, puis ajoutez les haricots, les tomates, le bouillon et les herbes. Salez et poivrez, couvrez et laissez mijoter 10 min.

Pendant ce temps, frottez les tranches de pain avec la deuxième gousse d'ail (ne cherchez pas à l'utiliser entièrement), puis aspergez-les d'un filet d'huile d'olive, de chaque côté. Déposez-les sur une plaque tapissée de papier sulfurisé, puis enfournez-les sous le gril du four chaud, 2 min. Servez les haricots sur les toasts.

Voir variantes p. 31

Pita d'œuf brouillé

Pour 1 personne

Un pain pita au fond d'un placard ? 1 œuf dans la porte du réfrigérateur ? 1 tomate traînant dans un bac à légumes ? Vous avez donc de quoi préparer ces bouchées gourmandes, à mi-chemin du régressif et du gastronomique.

1 œuf bio
1 c. à s. de lait entier
Sel, poivre du moulin
10 g de beurre
1 petite tomate, concassée
Sauce piquante (facultatif)
1 pain pita

Battez l'œuf à la fourchette, dans un bol, avec le lait, du sel et du poivre. Mettez le beurre dans une petite casserole, faites fondre à feu doux, puis ajoutez la préparation précédente dès qu'il est fondu. Faites fondre à feu très doux, sans cesser de mélanger : vous devez obtenir une sorte de crème très soyeuse.

Retirez du feu et ajoutez la tomate concassée. Mélangez délicatement. Ajoutez quelques gouttes de sauce piquante si vous le souhaitez.

Faites chauffer réchauffer le pain pita dans une poêle chaude ou au four à micro-ondes, 30 secondes, puis déposez-y l'œuf brouillé, roulez délicatement et coupez en 4 bouchées avec un couteau à lame large.

Voir variantes p. 32

Pain perdu roulé à la confiture

Pour 8 pièces

Ces petits pains perdus sont beaucoup plus faciles à réussir qu'ils n'en ont l'air : une fois roulés, ils se manipulent très facilement. Ils ont aussi l'avantage de pouvoir cuire les uns contre les autres, dans la même poêle et en une seule fournée.

1 œuf
2 c. à s. de lait
3 c. à s. de cassonade
½ c. à c. de cannelle en poudre
8 tranches de pain de mie moelleux
8 c. à c. de confiture de fraises
2 fraises coupées en fines lamelles
40 g de beurre

Dans une assiette creuse, battez l'œuf à la fourchette avec le lait. À part, mélangez la cassonade et la cannelle.

Écroûtez les tranches de pain avec un couteau à lame large, puis aplatissez-les délicatement une à une avec un rouleau à pâtisserie : vous devez obtenir de fins rectangles de pain, souples et moelleux. Tartinez chaque rectangle avec 1 c. à c. de confiture de fraises, puis déposez des lamelles de fraises. Roulez chaque pain perdu comme un petit gâteau roulé, bien serré. Passez-les un à un dans l'œuf battu, pour bien les en imbiber.

Faites mousser le beurre à feu moyen dans une grande poêle, déposez-y les pains perdus roulés et faites-les dorer 1 à 2 min de chaque côté. Roulez-les ensuite délicatement dans le mélange cassonade-cannelle. Servez immédiatement.

Voir variantes p. 33

Porridge à l'anglaise

Pour 1 personne

Ce porridge typiquement anglais est simplissime à préparer : il ne nécessite aucune cuisson. Il suffit de mélanger tous les ingrédients la veille au soir, et de laisser gentiment gonfler au réfrigérateur. Au matin, il ne reste plus qu'à ajouter les éléments frais, pour un petit-déjeuner complet, énergétique et revigorant.

25 g de flocons d'avoine
100 g de yaourt à la grecque
10 cl de lait entier
½ banane, écrasée à la fourchette

Pour servir
1 c. à s. de yaourt à la grecque
Sirop d'érable
Amandes effilées et fruits frais

Dans un bol, mêlez les flocons d'avoine, le yaourt à la grecque, le lait et la banane. Mélangez délicatement, puis couvrez d'un film alimentaire. Réservez au réfrigérateur toute une nuit.

Pour servir, surmontez de yaourt à la grecque et d'une coulée de sirop d'érable. Parsemez d'amandes effilées et de fruits frais de saison.

Voir variantes p. 34

Bagel toasté au fromage frais et aux raisins

Pour 1 personne

Découvrez comment un simple bagel du commerce devient un petit-déjeuner gourmand et chaleureux... Les raisins peuvent bien sûr être remplacés par vos fruits frais ou en conserve préférés...

1 bagel (nature, aux graines, aux myrtilles...)
3 c. à s. de fromage frais
(Philadelphia, St Môret...)
1 pincée de cannelle en poudre
10 grains de raisin blanc
10 grains de raisin noir

Coupez le bagel en deux, puis faites griller les moitiés des deux côtés, dans un grille-pain ou sous le gril du four.

Tartinez chaque moitié de bagel de fromage frais, poudrez de cannelle en poudre et déposez-les sur le dessus les grains de raisin coupés en deux.

Voir variantes p. 35

Omelette tomate-avocat √

Pour 1 personne

L'omelette n'est ni aussi simple à préparer qu'on le croit, ni aussi difficile à réussir que le disent certains... En utilisant une poêle bien antiadhésive et en respectant les phases de cuisson : en mélangeant régulièrement au début, puis sans toucher à l'omelette en fin de cuisson, on obtient toujours le résultat escompté !

2 œufs
Sel, poivre du moulin
20 g de beurre
1 tomate moyenne, coupée en dés
½ avocat pelé, dénoyauté et coupé en lamelles

Dans un bol, battez les œufs en omelette avec 1 c. à s. d'eau, du sel et du poivre.

Faites fondre le beurre dans une poêle antiadhésive, versez-y les œufs battus et faites cuire 2 à 3 min à feu moyen, en remuant délicatement avec une spatule ou le dos d'une fourchette : vous devez arrêter de mélanger quand la casserole devient visible entre les parties d'omelette cuites.

À ce stade, cessez de mélanger. Déposez sur une moitié de l'omelette les dés de tomates et les lamelles d'avocat, laissez cuire à feu doux encore 1 min environ (2 à 3 min si vous aimez les omelettes bien prises). Refermez délicatement l'omelette sur la garniture, puis faites glisser dans une assiette. Dégustez immédiatement.

Voir variantes p. 36

Yaourt du matin

Pour 2 personnes

Un simple yaourt peut se révéler une parfaite recette de petit-déjeuner, à la fois nourrissant, frais et équilibré. Le yaourt à la grecque est plus épais et plus crémeux, mais vous pouvez le remplacer par du yaourt brassé ou du fromage blanc. Privilégiez le « véritable » yaourt à la grecque, préparé avec du lait de brebis : on trouve en effet parfois sous ce terme du simple yaourt de vache, simplement enrichi de crème fraîche.

2 yaourts à la grecque
2 c. à c. de miel d'acacia
6 fraises, coupées en lamelles
Quelques fruits rouges (framboises, myrtilles...)
1 c. à s. de graines mêlées (de potiron, de sésame, de tournesol...)

Videz les yaourts dans un bol (réservez les pots), ajoutez le miel, les fraises et les fruits rouges. Mélangez délicatement, à la cuillère (ne cherchez pas à obtenir une préparation homogène).

Répartissez dans les deux pots et surmontez des graines. Servez immédiatement.

Voir variantes p. 37

Variantes

Pancakes à l'avoine et aux myrtilles

Voir recette de base p. 17

Pancakes à l'avoine et aux bananes
Suivez la recette de base, en remplaçant les myrtilles par 1 banane pelée et coupée en dés.

Pancakes à l'avoine et aux raisins secs
Suivez la recette de base, en remplaçant les myrtilles par 60 g de raisins secs.

Pancakes à l'avoine et aux fruits rouges
Suivez la recette de base, en remplaçant les myrtilles par 100 g de fruits rouges frais ou surgelés.

Pancakes à l'avoine et aux pépites de chocolat √
Suivez la recette de base, en remplaçant les myrtilles par 80 g de pépites de chocolat noir.

Pancakes à l'avoine et aux canneberges
Suivez la recette de base, en remplaçant les myrtilles par 75 g de canneberges séchées.

Variantes

Haricots à la tomate et au chorizo, toasts grillés

Voir recette de base p. 18

Burritos de haricots à la tomate et au chorizo
Suivez la recette de base, en remplaçant les haricots blancs par des haricots rouges. Répartissez la préparation dans 4 tortillas de blé souple, roulez-les bien serrés et déposez-les dans un plat à four. Parsemez d'emmental râpé et enfournez pour 25 min à 180 °C (th. 6).

Curry de haricots à la tomate, naans indiens
Suivez la recette de base, en supprimant le chorizo et le pain de campagne. Ajoutez 1 c. à c. de curry en poudre, en même temps que l'ail. Servez la préparation sur des naans indiens.

Haricots à la tomate et au jambon de Bayonne, toasts grillés
Suivez la recette de base, en remplaçant le chorizo par 4 tranches de jambon de Bayonne, finement émincées.

Penne aux haricots à la tomate et au chorizo
Suivez la recette de base, en supprimant les toasts. Faites cuire 150 g de penne à l'eau bouillante salée, suivant les instructions de l'emballage, puis égouttez-les. Servez-les avec les haricots à la tomate.

Variantes

Pita d'œuf brouillé

Voir recette de base p. 21

Pita d'œuf brouillé au jambonneau

Suivez la recette de base, en ajoutant 60 g de petits dés de jambonneau dans l'œuf brouillé.

Pita d'œuf brouillé au comté

Suivez la recette de base, en ajoutant 25 g de comté râpé dans l'œuf brouillé, en toute fin de cuisson.

Pita d'œuf brouillé au saumon fumé

Suivez la recette de base, en ajoutant 1 tranche de saumon fumé taillé en lanières dans l'œuf brouillé.

Pita d'œuf brouillé à l'avocat

Suivez la recette de base, en ajoutant 1/4 d'avocat taillé en dés dans l'œuf brouillé.

Pita d'œuf brouillé à la ciboulette

Suivez la recette de base, en ajoutant 1 c. à s. de ciboulette ciselée dans l'œuf brouillé.

Variantes

Pain perdu roulé à la confiture

Voir recette de base p. 22

Pain perdu roulé à la confiture et à la banane
Suivez la recette de base, en remplaçant les lamelles de fraises par des rondelles de banane.

Brioche perdue roulée à la confiture
Suivez la recette de base, en remplaçant les tranches de pain de mie par des tranches de brioche.

Pain perdu roulé à la marmelade d'orange
Suivez la recette de base, en remplaçant la confiture par 16 c. à c. de marmelade d'orange, comportant de gros morceaux d'orange.

Pain perdu roulé à la crème de marrons
Suivez la recette de base, en remplaçant la confiture par de la crème de marrons. Servez les pains perdus avec quelques volutes de crème Chantilly.

Pain perdu roulé au Nutella
Suivez la recette de base, en remplaçant simplement la confiture par du Nutella.

Variantes

Porridge à l'anglaise

Voir recette de base p. 24

Porridge à l'anglaise à la banane
Suivez la recette de base, en ajoutant dans le porridge gonflé une petite banane coupée en rondelles.

Porridge à l'anglaise aux cacahuètes
Suivez la recette de base, en remplaçant les amandes effilées par 2 c. à s. de cacahuètes concassées et caramélisées.

Porridge à l'anglaise aux raisins secs
Suivez la recette de base, en ajoutant dans le porridge gonflé 30 g de raisins secs blonds.

Porridge à l'anglaise à l'orange et aux pignons de pin
Suivez la recette de base, en ajoutant dans le porridge gonflé les segments pelés à vif d'une petite orange et 2 c. à c. de pignons de pin grillés à sec.

Porridge à l'anglaise à la pomme et aux noix de pécan
Suivez la recette de base, en ajoutant dans le porridge gonflé 1 petite pomme taillée en dés et 1 c. à s. de noix de pécan concassées.

Variantes

Bagel toasté au fromage frais et aux raisins

Voir recette de base p. 25

Bagel toasté au fromage frais et au jambon à l'os
Suivez la recette de base, en remplaçant les grains de raisin par des lanières de jambon à l'os.

Bagel toasté à la ricotta, aux tomates et à l'avocat
Suivez la recette de base, en remplaçant le fromage frais par de la ricotta et les grains de raisin par de beaux quartiers de tomate (idéalement, pelés et épépinés) et des lamelles d'avocat.

Bagel toasté au mascarpone et au chocolat
Suivez la recette de base, en remplaçant le fromage frais par du mascarpone et les grains de raisin par du chocolat noir ou du chocolat au lait, fraîchement râpé (pour bien râper du chocolat, placez-le au congélateur quelques minutes avant l'opération).

Bagel toasté au fromage frais, aux tomates cerises et à l'alfalfa
Suivez la recette de base, en remplaçant les grains de raisin par 10 tomates cerises et une poignée d'alfalfa (pousses de luzerne).

Variantes

Omelette tomate-avocat

Voir recette de base p. 27

Omelette aux champignons de Paris

Avant de cuire votre omelette, faites fondre 20 g de beurre dans une casserole, ajoutez 6 champignons de Paris émincés et faites-les sauter à feu moyen 5 min environ. En fin de cuisson, ajoutez ½ gousse d'ail hachée, 2 c. à s. de crème fraîche et 1 c. à s. de persil plat ciselé. Suivez la recette de base, en remplaçant la garniture par cette préparation.

Omelette tomate-avocat au comté et au piment ✓

Suivez la recette de base, en ajoutant dans la garniture ¼ de piment jalapeño épépiné et finement émincé. Ajoutez 25 g de comté râpé dans les œufs battus.

Omelette tomate-épinards à la feta

Suivez la recette de base, en supprimant l'avocat. Ajoutez dans les tomates 1 poignée de pousses d'épinards et 50 g de feta émiettée.

Omelette soufflée tomate-avocat ✓

Cassez les 2 œufs en séparant les jaunes des blancs. Suivez la recette de base, en ne battant que les jaunes d'œufs avec l'eau, le sel et le poivre. Montez les blancs en neige, puis incorporez-les délicatement. Faites cuire cette omelette de la même manière qu'une omelette traditionnelle.

Variantes

Yaourt du matin

Voir recette de base p. 28

Yaourt du matin au muesli
Suivez la recette de base, en remplaçant les graines par du muesli.

Yaourt du matin à la pêche et aux noix de pécan
Suivez la recette de base, en remplaçant les fruits rouges par 1 pêche pelée, dénoyautée et coupée en dés et quelques noix de pécan grossièrement concassées.

Yaourt du matin comme un smoothie
Versez dans le bol d'un blender le yaourt, 1 c. à c. de miel, 12 cl de jus d'orange, les fraises et ½ banane. Actionnez le blender par impulsions courtes, pour mixer la préparation sans la faire chauffer. Goûtez et ajoutez le reste de miel si nécessaire.

Fromage blanc du matin
Suivez la recette de base, en remplaçant le yaourt par du fromage blanc.

Yaourt du matin au sirop d'érable
Suivez la recette de base, en remplaçant le miel par du sirop d'érable (et pourquoi pas par du sirop d'agave !).

Sur le pouce

Le temps vous manque pour déjeuner à la maison ? Deux options s'offrent à vous : soit préparer un plat en quelques minutes, soit emporter votre pitance dans une gamelle pour la déguster à l'extérieur. Dans tous les cas, pas de panique : vous trouverez toutes les solutions dans ce chapitre !

Barres énergétiques sans cuisson

Pour 6 barres

Ces barres sont aussi délicieuses que celles du commerce, mais se révèlent beaucoup moins onéreuses. Attention, elles sont hautement caloriques : n'en abusez pas !

3 c. à s. de miel d'acacia
2 c. à s. de beurre de cacahuètes
65 g de noix de pécan
65 g d'amandes
40 g de petites pépites de chocolat

Faites chauffer le miel 30 secondes au four à micro-ondes, pour légèrement le liquéfier, puis ajoutez le beurre de cacahuètes et mélangez délicatement. Laissez complètement refroidir.

Concassez les noix de pécan et les amandes, puis ajoutez-les dans la préparation précédente, ainsi que les pépites de chocolat. Mélangez soigneusement, pour obtenir une sorte de pâte. Tapissez un petit plat à four de papier sulfurisé, puis versez-y la pâte. Lissez la surface à la spatule, placez au réfrigérateur au moins 1 h.

Démoulez délicatement, retirez le papier sulfurisé, puis découpez en 6 barres, avec un couteau à lame large. Enveloppez-les de film alimentaire et réservez-les au frais.

Voir variantes p. 52

Wrap végétarien

Pour 1 personne

Ce wrap sain et savoureux forme un déjeuner parfait. Il sera prêt en moins de temps qu'il n'en faut pour descendre acheter un sandwich gras au premier foodtruck venu...

1 tortilla de blé souple
3 c. à s. d'houmous
1 carotte râpée
1 poignée de mesclun de jeunes pousses
½ c. à c. de jus de citron
1 c. à s. d'huile d'olive
1 pincée de cumin en poudre
1 poivron grillé mariné à l'huile d'olive

Faites légèrement chauffer la tortilla, puis déposez l'houmous au centre. Parsemez de carotte râpée.

Assaisonnez le mesclun de jus de citron et d'huile d'olive, déposez au centre de la tortilla. Saupoudrez d'une pincée de cumin, ajoutez quelques lanières de poivron grillé, puis roulez la tortilla.

Voir variantes p. 53

Sandwich au bœuf tendre

Pour 1 personne

Le sandwich idéal pour utiliser un reste de rosbif ou de rôti de bœuf cuit. Le bœuf est une des viandes les plus pauvres en matières grasses, particulièrement les morceaux à rôtir (filet, tende de tranche...). Coupez-le en tranches très fines, avec un couteau à lame large bien aiguisé ou un couteau électrique.

2 fines tranches de pain complet ou de pain de seigle
10 g de beurre
1 c. à s. de moutarde à l'ancienne ou de raifort
2 feuilles de laitue iceberg
2 fines tranches de rosbif froid
15 g de parmesan grossièrement râpé
2 cornichons aigres-doux taillés en lamelles

Tartinez l'une des deux tranches de pain de beurre, puis la deuxième de moutarde à l'ancienne ou de raifort. Émincez les feuilles de laitue. Montez le sandwich en intercalant tous les ingrédients entre les deux tranches de pain.

Voir variantes p. 54

Frittata √

Pour 2 personnes

La frittata est une des recettes les plus faciles à réussir en quelques minutes, il suffit d'avoir sous la main une sauteuse et quelques œufs… Même la pomme de terre est facultative : remplacez-la par des champignons, des courgettes, des poivrons…

1 pomme de terre à chair ferme moyenne
1 c. à c. de beurre
1 c. à c. d'huile d'olive
3 œufs
30 g de comté râpé
1 oignon nouveau émincé
Parmesan râpé
2 c. à c. de ciboulette ciselée

Faites cuire la pomme de terre à l'eau bouillante salée, 15 à 20 min, puis égouttez-la, pelez-la et coupez-la en lamelles. Faites chauffer le beurre et l'huile dans une sauteuse, ajoutez les lamelles de pommes de terre et faites-les sauter 5 min, pour bien les dorer de tous côtés.

Pendant ce temps, battez les œufs en omelette, incorporez-leur le comté et l'oignon nouveau. Versez dans la sauteuse sur les lamelles de pommes de terre, laissez cuire 8 à 10 min à feu doux, sans mélanger.

En vous aidant d'une assiette, retournez la frittata et prolongez la cuisson 3 min. Au moment de servir, parsemez de parmesan râpé et de ciboulette ciselée.

Voir variantes p. 55

Salade de pâtes au poulet √

Pour 2 personnes

La salade de pâtes devrait être le grand classique de ceux qui n'ont pas envie de se compliquer la vie au moment de passer derrière les fourneaux : c'est toujours bon, à condition d'utiliser des produits frais, idéalement de saison...

60 g de pâtes (penne ou papillons)
1 c. à c. de jus de citron
2 c. à s. d'huile d'olive
1 c. à s. de basilic ciselé
2 c. à s. d'oignon rouge émincé
2 c. à s. de tomates séchées finement émincées
2 c. à s. de maïs doux au naturel
6 tomates cerises coupées en deux
½ jeune courgette, taillée en dés
225 g de blanc de poulet cuit à la vapeur, taillé en lamelles
Copeaux de parmesan (facultatif)

Faites cuire les pâtes à l'eau bouillante salée suivant les instructions de l'emballage : elles doivent rester *al dente*. Puis égouttez-les et rincez-les sous l'eau courante. Égouttez-les à nouveau, versez-les dans un saladier.

Émulsionnez le jus de citron avec l'huile d'olive, nappez les pâtes de cet assaisonnement et ajoutez tous les autres ingrédients – sauf le parmesan. Mélangez délicatement et laissez macérer au frais au moins 1 h.

Au moment de servir, parsemez de copeaux de parmesan, si vous le souhaitez.

Voir variantes p. 56

Comme des œufs de 100 ans

Pour 1 personne

Variez un peu des habituels œufs durs avec cette version amusante, qui donne des œufs de couleur brune, avec un goût prononcé – mais pas trop – de sauce soja et de gingembre.

2 œufs
2 c. à s. de sauce soja
6 cl de thé noir
1 morceau de gingembre de 2,5 cm environ, pelé et émincé
2 c. à s. de sucre en poudre

Déposez les œufs dans une casserole, couvrez d'eau froide et placez sur le feu. Portez à frémissements à feu moyen, laissez cuire 8 min. Égouttez les œufs, rincez-les sous l'eau courante, puis écalez-les délicatement, sans les abîmer.

Mêlez dans une petite casserole la sauce soja, le thé, le gingembre et le sucre en poudre. Faites chauffer à feu moyen en mélangeant régulièrement, pour faire dissoudre le sucre. Coupez le feu.

Déposez dans cette préparation les œufs écalés, puis laissez-les mariner environ 15 min, en les retournant régulièrement, pour bien les colorer. Puis oubliez-les dans la marinade environ 1 h. Égouttez les œufs, puis réservez-les dans une boîte hermétique, au frais, jusqu'au moment de les utiliser.

Voir variantes p. 57

Wrap de falafels à la menthe

Pour 1 personne

À la façon libanaise, les falafels, à la fois croquants et moelleux, chauds ou tièdes, sont la garniture idéale du pain pita. Vous pouvez bien sûr les préparer vous-même, à base de farine de pois chiches, mais ceux de la petite échoppe au coin de la rue conviendront également parfaitement...

1 pain pita
4 à 6 falafels cuits (suivant leur taille)
1 tomate, épépinée et coupée en dés
2,5 cm de concombre épépiné et coupé en lamelles
Feuilles de laitue émincées

Sauce blanche
2 c. à s. de yaourt brassé
1 filet de jus de citron
1 filet d'huile d'olive
1 c. à s. de menthe fraîche ciselée
1 pincée de sel

Pour la sauce blanche, mélangez tous les ingrédients dans un bol et réservez-la au frais jusqu'au moment de l'utiliser.

Coupez le pain pita en deux, puis séparez délicatement ses deux couches, pour former des poches. Garnissez-les avec les falafels et les autres ingrédients. Nappez d'un peu de sauce, ou mettez-la dans un petit récipient hermétique, jusqu'au moment de déguster.

Voir variantes p. 58

Salade de quinoa et haricots rouges à la mangue

Pour 2 personnes

Le quinoa est une excellente base de salade : une fois refroidi il gagne en fermeté, pour donner une sorte de taboulé très gourmand, à garnir suivant ses envies. La mangue apporte ici une touche sucrée inattendue, à remplacer par des légumes suivant vos envies : concombre, poivron...

80 g de quinoa
200 g de haricots rouges au naturel
3 oignons nouveaux, émincés
2 branches de céleri, émincées
½ mangue pelée, dénoyautée et coupée en dés
Sel, poivre du moulin
1 citron vert
1 c. à s. d'huile d'olive

Rincez le quinoa sous l'eau courante, puis mettez-le dans une casserole. Ajoutez 35 cl d'eau, salez et poivrez. Laissez cuire 15 à 20 min à couvert et à feu doux : toute l'eau doit être absorbée. Coupez le feu, émiettez à la fourchette et laissez refroidir.

Égrenez le quinoa à la fourchette, mettez-le dans un saladier. Égouttez les haricots rouges, puis rincez-les sous l'eau courante et ajoutez-les, ainsi que les oignons nouveaux, le céleri et les dés de mangue.

Salez et poivrez le jus de citron vert, émulsionnez avec l'huile d'olive. Nappez la salade de cet assaisonnement. Réservez au frais jusqu'à 24 h avant de servir.

Voir variantes p. 59

Variantes

Barres énergétiques sans cuisson

Voir recette de base p. 39

Barres énergétiques sans cuisson aux cerises confites
Suivez la recette de base, en remplaçant les pépites de chocolat par 40 g de cerises confites finement émincées (poudrez-les d'un peu de fécule pour les empêcher de coller).

Barres énergétiques sans cuisson glacées au chocolat
Suivez la recette de base. Faites fondre 100 g de chocolat noir au bain-marie, puis laissez tiédir 3 min. Saisissez les barres énergétiques une à une du bout des doigts, puis trempez-les à moitié dans le chocolat fondu. Déposez sur une plaque tapissée de papier sulfurisé et laissez durcir au réfrigérateur.

Barres énergétiques sans cuisson au muesli
Suivez la recette de base, en remplaçant les noix de pécan et les amandes par 125 g de muesli.

Barres énergétiques sans cuisson aux graines
Suivez la recette de base, en ajoutant dans la préparation 1 c. à s. de graines mêlées : sésame, pavot, tournesol...

Barres énergétiques sans cuisson aux noisettes
Suivez la recette de base, en remplaçant les amandes par 65 g de noisettes grossièrement concassées.

Variantes

Wrap végétarien

Voir recette de base p. 40

Wrap végétarien à l'œuf dur

Faites cuire un œuf, de manière qu'il soit dur (voir page 47). Écalez l'œuf, puis coupez-le en lamelles. Suivez la recette de base, en déposant les lamelles d'œuf sur l'houmous.

Wrap végétarien au guacamole

Suivez la recette de base, en remplaçant l'houmous par du guacamole.

Wrap végétarien au poivron frais

Suivez la recette de base, en remplaçant le poivron grillé mariné par 1 poivron rouge frais, épépiné et taillé en lanières.

Wrap végétarien à la courgette et à la tomate

Suivez la recette de base, en le poivron grillé mariné et la carotte par ½ courgette taillée en fins rubans (utilisez une mandoline ou un économe) et ½ tomate taillée en fines lamelles.

Variantes

Sandwich au bœuf tendre

Voir recette de base p. 43

Sandwich à la viande des Grisons
Suivez la recette de base, en remplaçant le rosbif par 2 belles tranches de viande des Grisons.

Sandwich au thon et au coleslaw
Suivez la recette de base, en remplaçant la garniture par 3 c. à s. de coleslaw (voir page 146) et 50 g de thon au naturel, égoutté et émietté.

Sandwich aux sardines et aux tomates séchées
Suivez la recette de base, en remplaçant les tranches de viande de bœuf par 2 sardines à l'huile, épongées, coupées en deux et désarêtées. Remplacez également le parmesan par 2 tomates séchées à l'huile d'olive, finement émincées.

Club-sandwich au bœuf tendre
Suivez la recette de base, en remplaçant les tranches de pain complet par des tranches de pain de mie. Pour un effet parfait « club », écroûtez le sandwich terminé, des quatre côtés, avec un couteau à lame large, puis coupez-le en deux dans la diagonale.

Variantes

Frittata

Voir recette de base p. 44

Frittata au chorizo
Suivez la recette de base, en faisant revenir dans la sauteuse 125 g de chorizo coupé en rondelles, en même temps que les lamelles de pommes de terre.

Frittata au poivron rouge grillé
Suivez la recette de base, en ajoutant 2 poivrons rouges grillés marinés à l'huile d'olive, égouttés et taillés en lanières.

Frittata à la patate douce et aux épinards
Suivez la recette de base, en remplaçant la pomme de terre par ½ patate douce. Ajoutez une poignée d'épinards dans la sauteuse, en fin de cuisson de la patate douce.

Frittata mexicaine
Suivez la recette de base, en ajoutant dans la sauteuse, en fin de cuisson des lamelles de pommes de terre, 1 grosse pincée de piment en poudre, 1 tomate coupée en dés et 2 c. à s. de maïs doux au naturel, égoutté. Remplacez également le parmesan par de l'emmental ou de la mozzarella.

Variantes

Salade de pâtes au poulet

Voir recette de base p. 46

Salade de pâtes au thon

Suivez la recette de base, en remplaçant les lamelles de poulet par 150 g de thon au naturel égoutté et émietté.

Salade de pâtes à la mozzarella

Suivez la recette de base, en remplaçant les lamelles de poulet par 2 boules de mozzarella de bufflonne coupées en fines tranches.

Salade de pâtes au poulet et au poivron

Suivez la recette de base, en remplaçant la courgette par ½ poivron vert et ½ poivron jaune, épépinés et taillés en lanières.

Salade de pâtes au poulet, sauce crémeuse

Suivez la recette de base, en ajoutant 2 c. à s. de crème fraîche ou de yaourt brassé dans l'assaisonnement.

Salade de pâtes au poulet et au bleu

Suivez la recette de base, en remplaçant la courgette et le parmesan par 80 g de bleu de Bresse coupé en cubes.

Variantes

Comme des œufs de 100 ans

Voir recette de base p. 47

Sandwich club aux œufs de 100 ans
Suivez la recette de base, puis écrasez soigneusement les œufs à la fourchette. Mélangez-les avec 1 oignon nouveau émincé et un peu de mayonnaise. Ajoutez de la ciboulette ciselée et garnissez de cette préparation deux tranches de pain de mie, pour obtenir un sandwich.

Œufs de 100 ans mimosa
Suivez la recette de base, puis coupez délicatement les œufs en deux, dans la largeur. Retirez le jaune, écrasez-le à la fourchette, puis mélangez-le avec 3 c. à s. de mayonnaise (idéalement, maison). Redéposez cette préparation dans les demi-blancs d'œufs durs et servez avec quelques feuilles de laitue.

Salade printanière aux œufs de 100 ans
Suivez la recette de base, puis détaillez les œufs de 100 ans en rondelles. Préparez une salade avec des feuilles de laitue romaine émincées, quelques haricots verts juste cuits à l'eau 3 min et une poignée de pousses de soja. Assaisonnez de jus de citron, huile d'olive et un filet de sauce soja. Ajoutez les rondelles d'œufs et mélangez délicatement.

Brick aux œufs de 100 ans
Suivez la recette de base. Mélangez 1 pomme de terre cuite à l'eau et coupée en cubes avec 50 g de thon au naturel émietté, 2 c. à s. de persil plat ciselé et 1 œuf de cent ans coupé en 4. Déposez la préparation dans une feuille de brick, refermez-la en portefeuille et faites-la cuire dans une poêle, avec un fond d'huile de tournesol.

Variantes

Wrap de falafels à la menthe

Voir recette de base p. 49

Wrap de pois chiches à la menthe
Suivez la recette de base, en remplaçant les falafels par 4 c. à s. de pois chiches au naturel, bien égouttés.

Wrap de feta grillée à la menthe
Coupez en gros cubes 80 g de feta de brebis, mettez-la dans un petit plat à four, nappez d'un filet d'huile d'olive, poivrez au moulin. Enfournez sous le gril chaud, 4 à 5 min, puis laissez tiédir quelques minutes hors du four. Suivez la recette de base, en remplaçant les falafels par ces cubes de feta grillée.

Wrap de falafels à la roquette
Suivez la recette de base, en ajoutant quelques feuilles de roquette dans le wrap.

Wrap de falafels aux deux radis
Suivez la recette de base, en remplaçant le concombre par 1 c. à s. de radis rose coupé en rondelles et 1 petit morceau de radis blanc, finement émincé.

Variantes

Salade de quinoa et haricots rouges à la mangue

Voir recette de base p. 50

Salade de quinoa et haricots rouges au poulet fumé
Suivez la recette de base, en ajoutant 150 g de blanc de poulet fumé, taillé en fines lanières.

Salade de quinoa et haricots rouges au jambon fumé et à la pêche
Suivez la recette de base, en ajoutant 150 g de jambon fumé, coupé en dés, et en remplaçant la mangue par 1 pêche pelée, dénoyautée et émincée.

Salade de quinoa aux légumes grillés
Coupez en lamelles ½ courgette, ½ aubergine et ½ oignon rouge. Déposez-les sur une plaque de four, nappez-les d'huile d'olive et enfournez sous le gril du four, 15 min. Suivez la recette de base, en remplaçant les haricots rouges, les oignons nouveaux, le céleri et la mangue par cette garniture.

Salade de quinoa et haricots rouges façon curry
Suivez la recette de base, en ajoutant dans l'assaisonnement 1 grosse pincée de curry, ½ c. à s. de chutney de mangue et une pincée de sel. Remplacez le céleri par ¼ de concombre, coupé en bâtonnets.

En 10 minutes !

Lorsqu'on passe toute la journée sur les bancs des amphithéâtres, des salles de cours ou de la bibliothèque de l'université, il ne reste guère de temps ni d'énergie pour cuisiner le soir... C'est pourquoi on a toujours besoin de recettes généreuses et gourmandes, aptes à remplir l'estomac et satisfaire les papilles, mais prêtes... en 10 minutes seulement !

Quesadilla pimentée aux tomates et au comté

Pour 1 à 2 personnes

Un plat gourmand, à partager en 2, 4, 6... suivant le nombre d'invités : n'hésitez pas à le servir avec une salade de tomates ou un coleslaw, pour en faire un plat complet. Et pourquoi pas à le déguster seul, en cas de grosse fringale post-examen...

2 tortillas de blé souples
50 g de comté râpé
2 petites tomates pelées et concassées
2 c. à c. de sauce thaï pimentée

Déposez une tortilla sur un plan de travail, saupoudrez-la de comté et des dés de tomates. Parsemez de sauce thaï pimentée, puis surmontez de la deuxième tortilla.

Faites chauffer une poêle antiadhésive à feu moyen. Déposez-y délicatement la quesadilla à l'aide d'une spatule, laissez cuire 2 à 3 min, puis retournez la quesadilla (aidez-vous d'une assiette) et laissez cuire encore 2 min : le fromage doit juste commencer à fondre.

Coupez la quesadilla en quatre parts, avant de la servir.

Voir variantes p. 81

Linguine au jambon, aux petits pois et au pesto

Pour 1 personne

Les pâtes fraîches sont plus rapides à cuire que les pâtes sèches : quelques minutes à peine à l'eau bouillante salée, jusqu'à ce qu'elles remontent à la surface. Il est bien sûr possible de les remplacer par des pâtes sèches, de préférence longues et plates, pour bien accrocher le pesto.

125 g de linguine fraîches
3 c. à s. de petits pois surgelés
50 g de lanières de jambon blanc
6 tomates cerises
2 c. à c. de pesto prêt à l'emploi
Sel, poivre du moulin
Parmesan râpé, pour servir

Faites cuire les pâtes et les petits pois à l'eau bouillante salée, 3 à 4 min : les pâtes doivent rester *al dente*. Égouttez-les.

Mettez les pâtes et les petits pois égouttés dans une assiette creuse, mélangez-les avec les lanières de jambon blanc, les tomates cerises coupées en deux et le pesto. Salez et poivrez, parsemez de parmesan juste avant de servir.

Voir variantes p. 82

Salade tomates-mozzarella

Pour 1 personne

Rien de plus simple qu'une salade tomate-mozzarella, aussi est-il primordial d'utiliser des produits de bonne qualité pour cette recette : des tomates parfaitement mûres, de la mozzarella buffala (faite de lait de bufflonne) et de l'excellente huile d'olive. Pour cette dernière, choisissez impérativement une huile d'olive vierge extra, idéalement une AOC de Nyons ou de Corse.

1 grosse tomate ou 2 petites
Sel, poivre du moulin
125 g de mozzarella buffala
1 branche de basilic frais
1 c. à c. de jus de citron
1 c. à s. d'huile d'olive

Coupez les tomates en quartiers, mettez-les dans une assiette creuse. Salez et poivrez-les sur toutes leurs faces, laissez macérer au frais au moins 30 min.

Coupez la mozzarella en lamelles, mélangez-les avec les tomates. Effeuillez le basilic (réservez la sommité), puis ciselez-le finement et mélangez avec le jus de citron, du sel et du poivre. Emulsionnez avec l'huile d'olive. Nappez la salade de cet assaisonnement, puis décorez de la sommité de basilic réservée.

Voir variantes p. 83

Pâtes au poulet cuites au verre

Pour 1 personne

Les pâtes les plus fines n'ont pas besoin d'une cuisson longue à la casserole : elles peuvent cuire à l'étouffée, simplement recouvertes d'eau bouillante ou de bouillon. Il suffit donc d'une bouilloire pour préparer cette recette... Pour la garniture, voici notre proposition, mais vous pouvez aussi laisser filer votre imagination !

1 petit nid de tagliatelles fines ou de vermicelles
50 g de blanc de poulet cuit, effiloché
1/4 de cube de bouillon de volaille, émietté
1 petite carotte, râpée
1 oignon nouveau, émincé
Quelques pousses d'épinards, émincées
2 c. à s. de maïs doux en grains ou de petits pois surgelés
1 pincée de gingembre en poudre (facultatif)
1/2 c. à c. d'ail haché (facultatif)
Poivre du moulin
1 c. à c. de sauce soja
1 filet de jus de citron

Cassez les pâtes dans un bol ou un grand verre résistant à la chaleur, ajoutez tous les autres ingrédients, sauf le jus de citron. Arrosez d'eau bouillante, de manière qu'elle affleure juste la surface. Tassez délicatement avec le dos d'une cuillère. Couvrez et laissez gonfler 8 à 10 min. Mélangez une fois, au bout de quelques minutes.

Ajoutez le jus de citron et mélangez délicatement, juste avant de déguster.

Voir variantes p. 84

Sandwich club à l'avocat et à la dinde √

Pour 1 personne

Un bon sandwich doit comporter tous les éléments nutritifs d'un repas équilibré. Celui-ci apporte des protéines avec la dinde, des glucides et des fibres avec le pain de mie complet, des lipides avec l'avocat, du calcium avec le fromage frais et des vitamines avec les tomates.

2 c. à s. de fromage frais à tartiner
2 belles tranches de pain de mie complet
1 tranche de viande de dinde rôtie
¼ d'avocat, coupé en lamelles
4 tranches de tomates
2 feuilles de laitue iceberg, émincées
1 c. à s. de ketchup (facultatif)

Tartinez de fromage frais les tranches de pain de mie, puis déposez sur l'une des deux la tranche de viande de dinde, les lamelles d'avocat, les tranches de tomates et la laitue. Ajoutez une coulée de ketchup si vous le souhaitez et surmontez de la deuxième tranche de pain. Pour servir, coupez le sandwich en deux dans la diagonale, avec un couteau à lame large.

Voir variantes p. 85

Tartines gratinées façon pizza √

Pour 4 personnes

À mi-chemin de la bruschetta et de la pizza, voici d'incroyables tartines gorgées d'huile d'olive et de chair de tomate, gratinées à la mozzarella et parsemées de rondelles de chorizo, bien grillées. De quoi transformer un reste de baguette en un véritable moment de gourmandise...

2 tomates
1 baguette bien cuite
2 c. à s. d'huile d'olive
1 c. à c. d'origan
1 pincée de flocons de piment
125 g de mozzarella râpée
1 chorizo
Poivre du moulin

Préchauffez le four sur la position gril. Concassez grossièrement une tomate, coupez l'autre en fines tranches. Coupez la baguette en deux dans l'épaisseur, puis en grands tronçons.

Répartissez-y la tomate concassée en la faisant bien pénétrer avec le dos d'une cuillère. Aspergez d'huile d'olive. Parsemez d'origan et de piment, répartissez la mozzarella râpée et ajoutez les tranches de tomate. Ajoutez enfin le chorizo coupé en fines tranches, déposez les tartines sur une plaque tapissée de papier sulfurisé et enfournez sous le gril, 5 à 6 min.

Voir variantes p. 86

Poisson grillé au citron

Pour 2 personnes

Griller au four un filet de poisson est excessivement simple, le plus dur étant... de ne pas l'y oublier ! Une cuisson trop longue rendrait en effet le poisson sec et filandreux. Au four à micro-ondes, l'opération est également possible, en utilisant un plat adapté, muni d'un couvercle : comptez 3 min à puissance maximale, puis laissez reposer 2 min. Si le poisson n'est pas encore opaque à ce stade, prolongez la cuisson 1 à 2 min.

1 c. à s. d'huile d'olive
2 filets de poisson blanc
(cabillaud, colin, julienne...)
Sel, poivre du moulin
Le jus et le zeste râpé de ½ citron non traité
¼ de c. à c. de paprika
Persil plat ciselé

Préchauffez le four à 190 °C (th. 6/7). Badigeonnez d'huile d'olive un petit plat à four, puis déposez-y les filets de poisson. Arrosez-les du reste d'huile d'olive, salez et poivrez.

Parsemez du jus et du zeste de citron, donnez un tour de moulin à poivre. Enfournez pour 5 min. Ne retournez pas le poisson au cours de la cuisson, mais arrosez-les 2 à 3 fois de son jus, à la cuillère. Le poisson est cuit dès que la chair est opaque. Avant de servir, poudrez de paprika et parsemez de persil plat.

Voir variantes p. 87

Roughie à l'orange et à la mangue

Pour 1 personne

Vous connaissez le *roughie* (prononcez « reuffie ») ? Il s'agit d'un smoothie... préparé sans blender. La banane y est souvent l'ingrédient de base, qu'il suffit d'écraser à la fourchette, avant d'y incorporer du yaourt, du fromage blanc ou même simplement du lait. Le tout pour bien commencer la journée... ou la reprendre du bon pied après une pause méritée !

1 banane bien mûre
1 yaourt brassé
Miel d'acacia
Environ 20 cl de jus d'orange et de mangue

Mettez la banane dans un bol, écrasez-la méthodiquement à la fourchette, pour obtenir une purée bien collante. Incorporez progressivement le yaourt et 1 à 2 c. à s. de miel.

Délayez avec le jus d'orange et de mangue, puis versez dans un grand verre.

Voir variantes p. 88

Soupe express tomates-haricots rouges

Pour 2 à 3 personnes

Quasiment aussi facile à préparer qu'une soupe du commerce à réchauffer, cette soupe réconfortante tient bien au corps, grâce aux haricots rouges qu'elle contient. Vous pouvez choisir de la mixer ou de la consommer telle quelle, suivant vos goûts.

1 oignon haché
1 gousse d'ail écrasée
1 c. à s. d'huile d'olive
400 g de coulis de tomates
400 g de haricots rouges
1 c. à s. de sauce soja
1 c. à c. de sauce worcestershire
1 c. à c. d'herbes de Provence
Sel, poivre du moulin
Yaourt brassé, pour servir

Faites suer l'oignon et l'ail dans une casserole avec l'huile d'olive, 5 min à feu moyen. Ajoutez tous les autres ingrédients (sauf le yaourt) et 12 cl d'eau. Portez à frémissements. Laissez cuire à feu doux 10 min.

Mixez avec un mixeur plongeant, puis rectifiez l'assaisonnement. Servez dans des bols en ajoutant une tombée de yaourt brassé.

Voir variantes p. 89

Wok de nouilles sautées aux crevettes

Pour 1 personne

Voici une recette qu'il est facile de préparer pour 2, 4 personnes ou plus, simplement en multipliant les proportions. Le tout est d'avoir sous la main un wok ou une sauteuse de suffisamment grande taille...

100 g de nouilles de riz
1 c. à s. d'huile de tournesol
½ piment doux, épépiné et émincé
1 morceau de gingembre de 1 cm environ, haché
1 gousse d'ail, écrasée
¼ de poivron rouge, coupé en lanières
2 oignons nouveaux, émincés
1 petit chou pak choi, émincé
125 g de crevettes crues, décortiquées et déveinées
1 à 2 c. à s. de sauce soja
1 c. à c. d'huile de sésame

Faites cuire ou tremper les nouilles suivant les indications de l'emballage.

Pendant ce temps, faites chauffer l'huile d'olive dans un wok ou une sauteuse. Ajoutez le piment, le gingembre et l'ail et faites suer 30 secondes. Ajoutez le poivron et les oignons nouveaux et prolongez la cuisson 3 min. Ajoutez le chou pak-choi et les crevettes et faites sauter le tout 2 à 3 min : les crevettes doivent être bien rosies.

Égouttez les nouilles, ajoutez-les dans le wok et mélangez délicatement. Nappez de sauce soja et d'huile de sésame. Laissez cuire encore 30 secondes, puis coupez le feu et servez immédiatement.

Voir variantes p. 90

Bouchées aux champignons grillés

Pour 1 personne

Les champignons de Paris révèlent après cuisson une texture à la fois ferme et fondante, qui remplace aisément une viande.

Quelques gros champignons de Paris
1 c. à c. de vinaigre balsamique
2 c. à c. d'huile d'olive
1 pincée de piment en poudre
1 pincée d'origan
Sel, poivre du moulin
1 pain ciabatta
1 gousse d'ail
1 petite tomate coupée en tranches
Quelques feuilles de mesclun

Préchauffez le four sur la position gril. Ôtez les pieds des champignons, puis nettoyez délicatement les têtes avec un linge humide. Disposez-les dans un petit plat à four, arrosez-les avec le vinaigre balsamique et 1 c. à c. d'huile d'olive, puis ajoutez le piment, l'origan, du sel et du poivre. Retournez plusieurs fois les champignons, pour bien les enrober de ces aromates. Enfournez pour 6 à 8 min, en retournant les champignons à mi-cuisson.

Pendant ce temps, coupez en deux le pain ciabatta et faites-le griller. Coupez la gousse d'ail en deux, dégermez-la, puis frottez-en le pain grillé. Arrosez du reste d'huile d'olive.

Déposez sur ces toasts les champignons grillés, des tranches de tomate et quelques feuilles de mesclun. Arrosez avant de servir d'un peu du jus de cuisson des champignons.

Voir variantes p. 91

Tacos au poulet et aux haricots noirs

Pour 4 personnes

Les tacos sont l'un de ces plats conviviaux qu'on prépare directement à table, chacun se servant des différents ingrédients pour composer ses sandwichs. Au-delà de la garniture de base, cuite, ici au poulet et aux haricots rouges, on y glisse également des ingrédients frais et croquants, pour un agréable contraste de saveur.

4 tacos croquants à la farine de maïs
4 c. à s. de crème fraîche légèrement citronnée
4 c. à s. de cheddar ou d'emmental râpé
Pour servir, suivant les goûts : laitue émincée, quartiers d'avocat, tranches de tomates, oignon blanc émincé, lamelles de concombre, coriandre ciselée

Pour la garniture
1 c. à s. d'huile de tournesol
1 blanc de poulet coupé en lanières
Sel, poivre du moulin
400 g de haricots noirs au naturel
15 cl de coulis de tomates
1 c. à c. de vinaigre
1/2 c. à c. de piment en poudre
1/2 c. à c. de cumin en poudre
1 c. à c. d'origan séché
1 pincée de sucre en poudre

Faites chauffer l'huile de tournesol dans une sauteuse, ajoutez les lanières de poulet, salez et poivrez. Faites sauter 3 à 4 min, puis ajoutez les haricots noirs et tous les autres ingrédients de la garniture. Mélangez soigneusement, portez à frémissements, puis baissez le feu au minimum. Couvrez, laissez mijoter 5 min.

Pour servir, tartinez les tacos de crème fraîche citronnée, répartissez-y la garniture, puis le fromage. Ajoutez enfin les légumes frais, selon votre goût.

Voir variantes p. 92

Mugcake au comté et aux tomates cerises √

Pour 1 personne

Le mugcake, c'est cet incroyable gâteau individuel, salé ou sucré, que l'on prépare en versant simplement la pâte dans un mug, et qu'on fait cuire 2 min au four à micro-ondes ! Vous obtenez un résultat incroyable, moelleux et bien gonflé, de quoi épater tous les colocataires du monde...

20 g de beurre + 10 g pour le mug
1 c. à s. de parmesan râpé
1 œuf
4 c. à s. de lait
50 g de comté râpé
1 c. à s. de farine
1 pincée de sel
1 pincée de paprika
3 tomates cerises coupées en quatre

Beurrez l'intérieur d'un mug, puis saupoudrez-le de parmesan râpé. Placez au réfrigérateur le temps de la recette.

Faites fondre le beurre au four à micro-ondes. Dans une jatte, fouettez l'œuf avec le lait et le comté, puis incorporez le beurre fondu, la farine, le sel et le paprika. Ajoutez les tomates cerises, mélangez délicatement.

Versez le tout dans le mug (en le remplissant aux deux-tiers) et faites cuire au four à micro-ondes, à 600 W environ, 2 min à 2 min 30. Laissez tiédir 2 min avant de déguster.

Voir variantes p. 93

Variantes

Quesadilla pimentée aux tomates et au comté

Voir recette de base p. 61

Quesadilla pimentée aux tomates et au comté à l'œuf
Suivez la recette de base, en cassant un œuf au centre de la tortilla, sur le comté (qui l'empêchera de couler). Suivant les préférences, laissez l'œuf entier ou brouillez-le légèrement à la fourchette. Faites cuire à la poêle, de manière que l'œuf reste légèrement coulant.

Quesadilla pimentée aux tomates et au bleu
Suivez la recette de base, en remplaçant le comté par du Bresse Bleu ou du bleu d'Auvergne.

Quesadilla pimentée aux poivrons et au comté
Suivez la recette de base, en remplaçant les tomates par ½ poivron rouge et ½ poivron vert coupés en lanières. Suivant les goûts, ajoutez les lanières telles quelles (elles apporteront du croquant), ou faites-les revenir au préalable 2 min dans une sauteuse, avec une coulée d'huile d'olive (elles seront plus moelleuses).

Quesadilla au thon, au citron confit et aux herbes fraîches
Suivez la recette de base, en remplaçant la garniture par 150 g de thon au naturel égoutté et émietté, ½ citron confit finement émincé et 3 c. à s. d'herbes fraîches (persil plat, menthe, coriandre) finement ciselées. Relevez éventuellement d'une pincée de ras-el-hanout.

Variantes

Linguine au jambon, aux petits pois et au pesto

Voir recette de base p. 62

Linguine aux crevettes, aux petits pois et au pesto
Suivez la recette de base, en remplaçant le jambon par 50 g de crevettes roses cuites, décortiquées.

Linguine au fromage de chèvre, aux petits pois et au pesto
Suivez la recette de base, en remplaçant le jambon par 50 g de fromage de chèvre mi-sec, simplement émietté.

Linguine au jambon, aux petits pois et à la tapenade
Suivez la recette de base, en remplaçant le pesto par de la tapenade noire, légèrement délayée dans un peu de jus de citron.

Linguine aux petits pois, à l'ail et au citron
Pelez, dégermez et émincez 2 gousses d'ail. Faites-les infuser à feu très doux dans 3 c. à s. d'huile d'olive vierge extra, 5 min, puis retirez du feu et ajoutez 1 feuille de laurier et quelques brins de thym. Suivez la recette de base, en supprimant le jambon, les tomates et le pesto. Une fois les pâtes cuites et égouttées, arrosez-les avec l'huile d'olive à l'ail, ajoutez les petits pois et arrosez enfin d'un goûteux filet de jus de citron fraîchement pressé.

Variantes

Salade tomates-mozzarella

Voir recette de base p. 65

Salade tomates-mozzarella au vinaigre balsamique
Suivez la recette de base, en arrosant la salade terminée d'un généreux filet de vinaigre balsamique. Un parfum exceptionnel, qui se marie parfaitement à la mozzarella buffala.

Salade tomates-mozzarella à l'avocat
Suivez la recette de base, en ajoutant dans la salade ½ avocat taillé en fines lamelles.

Salade de tomates cerises à la mozzarella
Suivez la recette de base, en remplaçant les tomates par 250 g de tomates cerises, juste coupées en deux. Idéalement, utilisez la moitié de tomates cerises rouges et la moitié de tomates cerises jaunes.

Salade tomates-mozzarella au thon et aux câpres
Suivez la recette de base, en ajoutant 60 g de thon au naturel, délicatement émietté, et quelques câpres égouttées. Arrosez d'un filet de jus de citron supplémentaire et remplacez le basilic par de l'aneth.

Variantes

Pâtes au poulet cuites au verre

Voir recette de base p. 66

Pâtes façon thaï cuites au verre

Suivez la recette de base, en remplaçant le poulet par 50 g de petites crevettes roses cuites, décortiquées. Ajoutez ½ c. à c. de pâte de curry rouge ou vert.

Pâtes au tofu cuites au verre ✓

Suivez la recette de base, en remplaçant le poulet par 90 g de tofu coupé en dés.

Pâtes miso au bœuf cuites au verre

Suivez la recette de base, en remplaçant le poulet par 1 petite tranche de filet de bœuf finement émincée. Remplacez également le cube de bouillon de volaille par 1 sachet de préparation pour soupe miso.

Pâtes au poulet et à la courgette cuites au verre ✓

Suivez la recette de base, en remplaçant le maïs, les petits pois et les pousses d'épinards par 1 petite courgette crue, non pelée, finement râpée.

Sandwich club à l'avocat et à la dinde

Voir recette de base p. 67

Sandwich club à l'avocat et au saumon fumé
Suivez la recette de base, en remplaçant la viande de dinde par 2 tranches de saumon fumé. Ajoutez un peu d'aneth ciselé.

Sandwich club à l'avocat, à la dinde et au coleslaw
Suivez la recette de base, en remplaçant la salade iceberg émincée par 2 c. à s. de coleslaw (chou blanc et carottes râpés, mélangés avec une vinaigrette moutardée et du yaourt).

Sandwich club à l'avocat et au saumon frais
Faites cuire à la vapeur 1 petit pavé de saumon, 4 min. Laissez-le légèrement tiédir, puis effeuillez-le délicatement. Suivez la recette de base, en remplaçant la viande de dinde par ce saumon frais.

Sandwich club au concombre, à la roquette et à la dinde
Suivez la recette de base, en remplaçant l'avocat par quelques lamelles de concombre et une petite poignée de roquette.

Variantes

Tartines gratinées façon pizza

Voir recette de base p. 68

Tartines gratinées façon pizza au jambon de Bayonne
Suivez la recette de base, en remplaçant le chorizo par de fines tranches de jambon de Bayonne. Disposez-les sur les tartines à la sortie du four.

Tartines gratinées façon pizza aux champignons de Paris
Suivez la recette de base, en ajoutant quelques champignons de Paris émincés sur les tartines, en même temps que les rondelles de chorizo

Tartines gratinées façon pizza au pesto
Suivez la recette de base, en remplaçant la tomate concassée par 2 c. à s. de pesto prêt à l'emploi.

Tartines gratinées façon pizza au reblochon
Suivez la recette de base, en remplaçant la mozzarella par 125 g de reblochon coupé en fines lamelles.

Tartines gratinées façon pizza hawaïenne
Suivez la recette de base, en remplaçant le chorizo par de fines lamelles de jambon cru et 125 g de chair d'ananas frais, coupé en lamelles.

Variantes

Poisson grillé au citron

Voir recette de base p. 70

Poisson grillé au citron et au curry
Suivez la recette de base, en saupoudrant les filets de poisson d'une belle pincée de curry, sur chaque face. Supprimez le paprika.

Poisson grillé au citron en croûte de parmesan
Suivez la recette de base, en arrosant bien le poisson de jus de citron, mais réservez le zeste. Mélangez celui-ci avec 2 c. à s. de parmesan râpé et 1 c. à c. de poudre d'amandes. Poudrez cette préparation, puis répartissez-la sur les filets de poisson, juste avant d'enfourner. N'arrosez pas au cours de la cuisson.

Darnes de poisson grillées au citron
Suivez la recette de base, en utilisant des darnes de poisson (coupées dans l'épaisseur, avec l'arête centrale au milieu) à la place des filets. Davantage de saveur, due à la cuisson sur l'arête, et une chair un peu plus ferme. Comptez 7 min de cuisson environ.

Poisson grillé au combawa
Suivez la recette de base, en remplaçant le citron par 1 petit combawa : une saveur plus fine, légèrement acidulée.

Variantes

Roughie à l'orange et à la mangue

Voir recette de base p. 71

Roughie énergétique
Suivez la recette de base, en ajoutant 2 c. à s. de granola, en même temps que le yaourt.

Roughie à l'orange et à la pêche
Suivez la recette de base, en remplaçant le jus d'orange et de mangue par du jus d'orange et de pêche.

Roughie choco-vanille
Suivez la recette de base, en écrasant 1 boule de crème glacée à la vanille en même temps que la banane.

Roughie aux fraises et à la mangue
Suivez la recette de base, en remplaçant la banane par 7 à 8 fraises. Équeutez-les, puis coupez-les en quatre avant de les écraser à la fourchette de la même manière. Remplacez le jus d'orange et de mangue par un simple jus de mangue.

Roughie protéiné à l'orange et à la mangue
Suivez la recette de base, en ajoutant dans la préparation, en même temps que le yaourt, 1 c. à s. de protéines en poudre.

Variantes

Soupe express tomates-haricots rouges

Voir recette de base p. 73

Soupe express tomates-haricots noirs
Suivez la recette de base, en remplaçant simplement les haricots rouges par des haricots noirs.

Soupe express tomates-haricots rouges au bacon grillé
Suivez la recette de base, en déposant sur la soupe, juste avant de la servir, 2 à 3 fines lamelles de bacon, bien grillées.

Soupe express tomates-haricots rouges au cumin
Suivez la recette de base, en ajoutant 1 pincée de cumin en poudre, en même temps que le coulis de tomates. Parsemez également de quelques graines de cumin grillées, au moment de servir.

Soupe express tomates-poivrons rouges
Suivez la recette de base, en remplaçant les haricots rouges par 1 petit bocal de poivrons rouges grillés au naturel.

Soupe express tomates-haricots rouges au lait de coco
Suivez la recette de base, en ajoutant 15 cl de lait de coco, en même temps que le coulis de tomates. Parsemez d'un peu de coriandre fraîchement ciselée, au moment de servir.

Variantes

Wok de nouilles sautées aux crevettes

Voir recette de base p. 74

Wok de nouilles sautées aux crevettes à l'italienne
Suivez la recette de base, en supprimant le gingembre, la sauce soja et l'huile de sésame. Une fois les crevettes cuites, ajoutez 5 cl de coulis de tomates et 1 c. à s. de basilic ciselé.

Wok de nouilles sautées aux champignons
Suivez la recette de base, en supprimant les crevettes. Ajoutez dans le wok 150 g de champignons de Paris coupés en quatre, en même temps que le poivron.

Wok de nouilles sautées au poulet
Suivez la recette de base, en remplaçant les crevettes par 1 blanc de poulet taillé en fines lanières. Ajoutez-les dans le wok en même temps que le poivron, pour leur laisser le temps de cuire.

Wok de nouilles sautées aux crevettes et au sésame
Suivez la recette de base, en parsemant le wok de 2 c. à c. de graines de sésame grillées, juste avant de servir.

Variantes

Bouchées aux champignons grillés

Voir recette de base p. 77

Bouchées aux champignons grillés et au fromage frais
Suivez la recette de base, en tartinant généreusement le pain grillé d'une couche de fromage frais (type brousse ou ricotta), avant d'y déposer la garniture.

Bouchées gratinées aux champignons grillés
Suivez la recette de base, puis parsemez les bouchées d'une belle pincée de comté fraîchement râpé. Repassez 2 min sous le gril du four, juste pour faire légèrement fondre le fromage.

Bouchées aux champignons grillés et au bacon
Suivez la recette de base, en ajoutant sur les bouchées de fines tranches de bacon, grillées au four en même temps que les champignons.

Bouchées aux champignons grillés et aux tomates séchées
Suivez la recette de base, en remplaçant la tomate fraîche par 2 à 3 tomates séchées marinées à l'huile d'olive, épongées et finement émincées.

Variantes

Tacos au poulet et aux haricots noirs

Voir recette de base p. 78

Tacos au bœuf et aux haricots noirs
Suivez la recette de base, en remplaçant les lanières de poulet par 300 g de viande de bœuf hachée.

Tacos au poulet et aux poivrons rouges
Suivez la recette de base, en remplaçant les haricots noirs par 3 poivrons rouges coupés en lanières. Faites-les revenir avec le poulet, 4 à 5 min avant d'ajouter les autres ingrédients de la garniture.

Tacos aux crevettes et aux haricots noirs
Suivez la recette de base, en remplaçant les lanières de poulet par 225 g de crevettes crues, décortiquées. (Si vous utilisez des crevettes roses cuites, inutile de les faire sauter : ajoutez-les directement dans la garniture cuite, et laissez simplement réchauffer 1 min.)

Tacos végétariens aux haricots noirs
Suivez la recette de base, en remplaçant les lanières de poulet par 1 petite aubergine coupée en cubes. Utilisez idéalement de l'huile d'olive à la place de l'huile de tournesol.

Variantes

Mugcake au comté et aux tomates cerises

Voir recette de base p. 80

Mugcake à l'emmental et aux tomates cerises
Suivez la recette de base, en remplaçant le comté par de l'emmental.

Mugcake à la ricotta et aux tomates cerises
Suivez la recette de base, en remplaçant le comté par de la ricotta.

Mugcake au comté et aux épinards
Suivez la recette de base, en remplaçant les tomates cerises par une poignée de pousses d'épinards.

Mugcake au comté, aux tomates cerises et à la ciboulette
Suivez la recette de base, en ajoutant 1 c. à s. de ciboulette ciselée, en même temps que les tomates.

Mugcake au comté et au jambon
Suivez la recette de base, en remplaçant les tomates cerises par 40 g de dés de jambon blanc.

Prêt en 30 minutes

Chacun devrait avoir un répertoire personnel de recettes faciles et rapides, prêtes à servir en moins de 30 minutes à des convives invités à l'improviste ! Avec ses recettes parfois classiques mais simplifiées, ce chapitre en constituera la pierre angulaire. Que vous ayez envie d'une soupe réconfortante mais originale, d'un plat de pâtes convivial ou d'une pizza vraiment express, laissez-vous tenter !

Velouté de lentilles rouges et carottes au curry

Pour 3 à 4 personnes

Cette soupe végétarienne à la texture réconfortante sera parfaite pour les jours d'hiver. Servez-la simplement avec du bon pain et un morceau de fromage, pour en faire un repas complet.

200 g de lentilles rouges
1,2 litre de bouillon de légumes
1 oignon haché
1 gousse d'ail écrasée
1 c. à c. de curry
3 carottes
10 cl de crème liquide
Sel, poivre du moulin

Dans une passoire, rincez les lentilles sous l'eau courante. Mettez-les dans une grande casserole, ajoutez le bouillon, l'oignon, l'ail et le curry.

Lavez les carottes sans les peler, ôtez leurs extrémités. Râpez-les grossièrement, mettez-les dans la casserole et portez à frémissements. Laissez mijoter 20 min, à couvert.

Ajoutez la crème, prolongez la cuisson 3 min puis mixez avec un mixeur plongeant. Rectifiez l'assaisonnement avant de servir.

Voir variantes p. 109

Sauté de porc à l'aigre-doux

Pour 2 personnes

Ce wok de porc typique, relevé d'aromates à la fois acides et sucrés, se sert traditionnellement sur des nouilles chinoises ou du riz, mais vous pouvez aussi l'accompagner de polenta ou même de semoule de couscous.

225 g de filet de porc taillé en lanières
1 c. à c. de gingembre frais râpé
½ c. à s. de sauce soja
1 c. à s. d'huile de tournesol
1 oignon nouveau, finement émincé
1 carotte, taillée en petits sifflets
½ poivron rouge taillé en lanières
½ concombre, pelé, épépiné et taillé en dés
1 tranche d'ananas au sirop (réservez le sirop)

Pour la sauce
4 c. à s. de sirop d'ananas
2 c. à s. de ketchup
1 c. à s. de vinaigre de vin blanc
½ c. à s. de sauce soja
½ c. à c. de cassonade
½ c. à s. de Maïzena

Mêlez dans une jatte les lanières de filet de porc, le gingembre et la sauce soja. Mélangez délicatement, laissez macérer 10 min.

Pendant ce temps, préparez la sauce en mélangeant tous ses ingrédients. Réservez dans un bol.

Faites chauffer l'huile de tournesol dans un wok ou une sauteuse, ajoutez le porc mariné, faites sauter 2 à 3 min à feu vif.

Ajoutez l'oignon nouveau émincé et les sifflets de carotte, faites sauter 2 à 3 min. Ajoutez les lanières de poivron rouge et faites sauter encore 3 min.

Mélangez rapidement la sauce dans le bol, puis versez-la dans le wok ou la sauteuse. Portez à frémissements, puis baissez immédiatement le feu au minimum.

Ajoutez enfin les dés de concombre et la tranche d'ananas coupée en cubes et prolongez la cuisson 2 min. Servez immédiatement.

Voir variantes p. 110

Curry thaï aux légumes et aux noix de cajou

Pour 2 personnes

Aux frontières du curry et du bouillon thaï, cette recette se sert en plat principal, simplement accompagnée de riz blanc. La pâte de curry vert lui apporte sa saveur et son piquant, mais vous pouvez la remplacer par 1 c. à c. de curry en poudre et quelques gouttes de sauce pimentée.

1 c. à s. d'huile de tournesol
1 petit oignon, émincé
125 g de mini-épis de maïs
½ c. à c. de pâte de curry vert
40 cl de lait de coco
1 petit brocoli détaillé en fleurettes
4 champignons de Paris émincés
½ poivron rouge taillé en lanières
40 g de noix de cajou
1 pincée de sel
1 pincée de sucre
1 c. à c. de jus de citron vert

Faites chauffer l'huile dans un wok ou une sauteuse, ajoutez l'oignon et les mini-épis de maïs. Faites suer 2 à 3 min. Ajoutez la pâte de curry et le lait de coco, mélangez délicatement. Couvrez, laissez mijoter à feu doux 2 min.

Ajoutez les fleurettes de brocoli et laissez cuire 5 à 6 min. Ajoutez les champignons et le poivron, prolongez la cuisson 2 min. Juste avant de servir, ajoutez les noix de cajou, le sel et le sucre et arrosez de jus de citron vert.

Voir variantes p. 111

Penne aux tomates et aux haricots rouges

Pour 1 personne

Vous pouvez préparer ce plat avec un reste de pâtes : la recette idéale du dimanche soir, quand on ne sait vraiment pas quoi faire à manger...

200 g de penne
2 fines tranches de lard fumé, émincées
½ oignon émincé
1 gousse d'ail écrasée
400 g de tomates concassées
400 g de haricots rouges au naturel
1 c. à c. de basilic émincé
Sel, poivre du moulin
Parmesan râpé

Faites cuire les pâtes à l'eau bouillante salée suivant les instructions de l'emballage, puis égouttez-les.

Faites chauffer une sauteuse à feu moyen, ajoutez le lard fumé et faites suer 3 à 4 min en mélangeant régulièrement : le lard va rendre son gras et commencer à bien dorer. Ajoutez l'oignon et l'ail, faites suer encore 3 min, puis ajoutez les tomates concassées et les haricots rouges. Portez à frémissements, couvrez, baissez le feu au minimum et laissez mijoter 10 min.

Ajoutez les pâtes et le basilic, mélangez délicatement. Salez et poivrez, faites chauffer le tout 5 min. Saupoudrez de parmesan avant de servir.

Voir variantes p. 112

Riz frit aux crevettes

Pour 1 personne

Cette recette se prépare à partir de riz blanc déjà cuit : l'idéal pour utiliser un reste de riz, et éviter les gâchis... Si vous le faites cuire exprès pour la recette, égouttez-le quand il est encore bien ferme et rincez-le sous l'eau courante, pour le refroidir et bien séparer les grains.

2 c. à c. d'huile de tournesol
1 gousse d'ail hachée
½ piment rouge, épépiné et émincé
150 g de riz cuit
60 g de petits pois surgelés
1 œuf
125 g de crevettes roses cuites, décortiquées et déveinées
2 oignons nouveaux émincés
2 c. à c. de sauce soja
Coriandre ou persil plat ciselé (facultatif)

Faites chauffer l'huile de tournesol dans un wok ou une sauteuse, ajoutez l'ail et le piment et faites suer 30 secondes. Ajoutez le riz cuit et mélangez sur le feu. Laissez cuire 2 à 3 min : le riz doit se mettre à légèrement crépiter.

Ajoutez les petits pois, puis l'œuf battu à la fourchette. Laissez cuire 30 secondes en mélangeant régulièrement, à la fourchette, pour que l'œuf soit bien cuit. Coupez le feu.

Ajoutez les crevettes, les oignons nouveaux émincés et la sauce soja. Mélangez délicatement, puis parsemez de coriandre ou de persil plat, si vous le souhaitez.

Voir variantes p. 113

Fajitas au poulet

Pour 2 personnes

Complétez ces fajitas avec un guacamole ou une salsa de tomates et d'avocat maison *(voir page 114)*.

1 blanc de poulet, taillé en lanières
1 c. à s. d'huile de tournesol
½ oignon rouge émincé
½ poivron vert, coupé en lanières
½ poivron jaune, coupé en lanières
1 petit piment vert, épépiné et émincé (facultatif)
2 tortillas de blé souples
1 filet de jus de citron vert

Marinade
1 gousse d'ail écrasée
1 c. à c. de coriandre en poudre
1 c. à c. de paprika
¼ de c. à c. de cumin en poudre
1 c. à c. d'origan séché
10 cl de bière
1 pincée de sel

Mélangez d'abord dans une jatte tous les ingrédients de la marinade, puis ajoutez les lanières de blanc de poulet. Mélangez, couvrez et laissez macérer 30 min.

Faites chauffer l'huile de tournesol dans une sauteuse, ajoutez les lanières de poulet et faites-les sauter 3 à 4 min. Ajoutez l'oignon rouge, les lanières de poivron et le piment si vous le souhaitez. Mélangez délicatement, faites cuire ensemble 5 min. Pendant ce temps, faites chauffer les tortillas, 30 secondes au four à micro-ondes.

En fin de cuisson, arrosez d'un filet de jus de citron, puis servez sur les tortillas chaudes.

Voir variantes p. 114

Pizza margarita sur pâte magique √

Pour 1 personne

La pâte de cette pizza n'a pas besoin d'être longuement pétrie, ni même de lever !
Elle offre pourtant une belle croûte dorée et une texture moelleuse, qui fera davantage qu'illusion...

1 c. à s. de pesto prêt à l'emploi
3 c. à s. de coulis de tomates
Sel, poivre du moulin
125 g de mozzarella
1 tomate, coupée en tranches

Pâte
225 g de yaourt à la grecque
150 g à 175 g de farine + un peu pour pétrir
½ c. à c. de levure chimique
¼ c. à c. de sel

Préchauffez le four à 220 °C (th. 7/8). Préparez d'abord la pâte. Mélangez dans une jatte le yaourt, la farine, la levure chimique et le sel. Pétrissez 4 à 5 min, jusqu'à obtenir une boule de pâte souple, se décollant des bords de la jatte. Ajoutez un peu de farine au cours de l'opération si nécessaire.

Aplatissez la boule de pâte, puis roulez-la en disque avec un rouleau à pâtisserie : ne vous inquiétez pas si elle n'est pas parfaite ! Déposez-la sur une plaque.

Tartinez de pesto le centre de la pâte, puis nappez de coulis de tomates. Ajoutez la mozzarella coupée en fines lamelles, puis répartissez les tranches de tomate sur le dessus. Enfournez pour 12 à 15 min : la pâte doit être légèrement croustillante, et le fromage, fondu.

Voir variantes p. 115

Papillotes de saumon au couscous et aux herbes

Pour 2 personnes

La cuisson en papillote est à la fois l'une des plus savoureuses et l'une des plus saines. Elle n'est pas difficile du tout à mener, mais elle fait toujours sa petite sensation...

Huile d'olive
1 citron non traité
140 g de semoule de couscous moyenne
1 petite carotte, râpée
1 petite courgette, râpée
1 c. à s. de persil plat ciselé
1 c. à s. de coriandre ciselée
1 c. à s. d'huile d'olive
25 cl de fumet de poisson
Sel, poivre du moulin
2 pavés de saumon de 150 g chacun environ

Préchauffez le four à 200 °C (th. 6/7). Découpez 4 carrés de papier d'aluminium de 30 cm de côté. Superposez les feuilles deux par deux, pour former deux papillotes, puis ourlez soigneusement les bords de manière à bien les solidariser. Badigeonnez le centre d'huile d'olive, au pinceau.

Râpez finement le zeste du citron, puis pressez-le pour recueillir son jus. Dans une jatte, mélangez la semoule avec le zeste et le jus de citron, la carotte et la courgette râpée, le persil et la coriandre ciselée et l'huile d'olive. Versez le fumet de poisson sur cette préparation, mélangez délicatement à la fourchette pour bien égrener la semoule. Laissez gonfler 5 min.

Répartissez la semoule gonflée au centre des papillotes, déposez un pavé de saumon sur le dessus, puis salez et poivrez au moulin. Refermez soigneusement les papillotes, en veillant

à y laisser de la place au centre pour que la vapeur puisse s'accumuler (mais ne ménagez pas de cheminées). Déposez les papillotes sur une plaque.

Enfournez les papillotes pour 20 min de cuisson environ. Laissez tiédir 2 min hors du four avant d'ouvrir les papillotes.

Voir variantes p. 116

Poulet sauce satay express

Pour 1 personne

Cette recette régressive se prépare à partir de pâte de cacahuètes. Ne confondez pas celle-ci avec le *beurre* de cacahuètes : contrairement à ce dernier, elle ne contient pas de sucre.

1 c. à s. d'huile de tournesol
2 oignons nouveaux émincés
1 blanc de poulet taillé en cubes
1/4 de c. à c. de piment en poudre
2 c. à c. de sauce soja
1 c. à c. de jus de citron vert
1,5 c. à s. de pâte de cacahuètes
1 c. à s. de noix de coco râpée (facultatif)
1 c. à c. de sucre en poudre

Faites chauffer l'huile de tournesol dans un wok ou une sauteuse, ajoutez les oignons nouveaux et faites suer 2 min. Ajoutez les cubes de poulet, faites sauter le tout 5 à 6 min. Piquez un cube de viande pour vérifier la cuisson : le jus qui s'écoule doit être clair, et non pas rosé.

Ajoutez tous les autres ingrédients et 5 cl d'eau, mélangez sur le feu et faites réduire 3 min à feu doux : la préparation doit épaissir. Servez avec des vermicelles de riz ou simplement du riz blanc.

Voir variantes p. 117

Variantes

Velouté de lentilles rouges et carottes au curry

Voir recette de base p. 95

Velouté de lentilles rouges et carottes au lait de coco
Suivez la recette de base, en remplaçant la moitié du bouillon de légumes par 40 cl de lait de coco.

Velouté de lentilles rouges et courgettes au curry
Suivez la recette de base, en remplaçant les carottes par 3 courgettes moyennes, râpées.

Velouté de lentilles rouges et panais au curry
Suivez la recette de base, en remplaçant les carottes par 2 panais. (Râpez-les ou émincez-les finement.)

Velouté de lentilles rouges et carottes au comté
Suivez la recette de base, en ajoutant 40 g de comté râpé, en toute fin de cuisson. Mélangez délicatement, pour bien incorporer le fromage.

Velouté de lentilles rouges et carottes à la coriandre
Suivez la recette de base, en parsemant généreusement le velouté, dans les bols de service, de coriandre fraîchement ciselée.

Variantes

Sauté de porc à l'aigre-doux

Voir recette de base p. 96

Sauté de poulet à l'aigre-doux
Suivez la recette de base, en remplaçant le filet de porc par 1 à 2 blancs de poulet coupés en lanières.

Sauté de tofu à l'aigre-doux
Suivez la recette de base, en remplaçant le filet de porc par 200 g de tofu coupé en cubes. Réduisez la cuisson du tofu au minimum, pour ne pas le laisser s'émietter.

Sauté de crevettes à l'aigre-doux
Suivez la recette de base, en remplaçant le filet de porc par 225 g de crevettes crues, décortiquées.

Sauté de porc à l'aigre-doux aux pousses de soja
Suivez la recette de base, en remplaçant le poivron rouge et le concombre par 150 g de pousses de soja.

Sauté de porc à l'aigre-doux au brocoli
Suivez la recette de base, en remplaçant le poivron rouge et le concombre par ½ brocoli, détaillé en fleurettes.

Variantes

Curry thaï aux légumes et aux noix de cajou

Voir recette de base p. 99

Curry thaï rouge aux légumes et aux noix de cajou
Suivez la recette de base, en remplaçant la pâte de curry verte par de la pâte de curry rouge. Attention, celle-ci est notablement plus piquante : ajustez sa quantité en conséquence.

Curry thaï aux gambas et aux noix de cajou
Suivez la recette de base, en remplaçant les mini-épis de maïs et le poivron rouge par 4 à 6 gambas crues, décortiquées. Faites-les sauter à peine 1 min avant d'ajouter les fleurettes de brocoli.

Curry thaï aux légumes et au poulet
Suivez la recette de base, en remplaçant les mini-épis de maïs par 1 blanc de poulet taillé en lanières. Supprimez les noix de cajou.

Curry thaï aux pois gourmands et aux amandes
Suivez la recette de base, en remplaçant le brocoli par 150 g de pois gourmands. Remplacez également les noix de cajou par des amandes effilées, légèrement grillées à sec.

Variantes

Penne aux tomates et aux haricots rouges

Voir recette de base p. 100

Tartines gratinées aux tomates et aux haricots rouges
Suivez la recette de base, en supprimant les pâtes. Laissez tiédir la préparation aux haricots rouges, puis incorporez 50 g de mozzarella râpée. Répartissez sur des tranches de pain de campagne et enfournez pour quelques minutes sous le gril du four chaud.

Penne aux tomates, aux haricots rouges et au jambon
Suivez la recette de base, en remplaçant les tranches de lard fumé par 50 g de talon de jambon coupé en dés.

Gratin de penne aux tomates et aux haricots rouges
Suivez la recette de base, puis incorporez 2 c. à s. de crème fraîche et 50 g de comté râpé. Versez dans un plat à four, enfournez sous le gril du four chaud pour 15 min environ, pour faire bien gratiner.

Penne aux tomates, aux haricots rouges et à la saucisse
Suivez la recette de base, en remplaçant les tranches de lard fumé par 2 saucisses de Toulouse, coupées en rondelles.

Variantes

Riz frit aux crevettes

Voir recette de base p. 101

Riz frit aux lardons
Suivez la recette de base, en remplaçant les crevettes par 150 g de lardons fumés. Faites-les sauter dans le wok ou la sauteuse, en même temps que l'ail et le piment, avant d'ajouter le riz.

Riz frit aux crevettes et aux pois gourmands
Suivez la recette de base, en remplaçant les petits pois par 80 g de pois gourmands frais ou surgelés.

Riz frit au poulet
Suivez la recette de base, en remplaçant les crevettes par 1 blanc de poulet coupé en lanières. Faites-les sauter dans le wok ou la sauteuse, en même temps que l'ail et le piment, avant d'ajouter le riz.

Riz frit aux crevettes et œuf miroir
Suivez la recette de base, mais n'ajoutez pas l'œuf dans le plat : faites-le cuire au plat, dans une petite poêle, puis faites-le délicatement glisser sur le riz, juste avant de servir.

Variantes

Fajitas au poulet

Voir recette de base p. 102

Guacamole

Pelez et dénoyautez 1 petit avocat bien mûr, puis écrasez sa chair à la fourchette avec 2 c. à c. de jus de citron vert, 1 pincée de sel, 1 c. à s. d'huile d'olive, 1 c. à c. de coriandre ciselée et 1 pincée de piment en poudre. Servez avec les fajitas.

Salsa tomate-avocat

Coupez en cubes 1 tomate et ½ avocat bien mûrs. Mélangez-les dans un bol avec ½ gousse d'ail hachée, 1 c. à s. de jus de citron vert, ¼ de piment vert haché et 2 c. à s. d'huile d'olive. Salez et poivrez, mélangez délicatement et laissez macérer au frais au moins 30 min. Servez avec les fajitas.

Fajitas au bœuf

Suivez la recette de base, en remplaçant les lanières de poulet par 200 g de filet de bœuf taillé en fines lanières.

Fajitas au poulet et à la coriandre

Suivez la recette de base, en parsemant la garniture de 2 c. à c. de coriandre fraîche ciselée, juste avant d'en garnir les tortillas.

Fajitas végétariennes

Suivez la recette de base, en remplaçant le blanc de poulet par 250 g de haricots rouges au naturel, égouttés et rincés.

Variantes

Pizza margarita sur pâte magique

Voir recette de base p. 105

Pizza margarita aux poivrons sur pâte magique
Taillez 2 poivrons rouges en lanières, faites-les suer dans une petite casserole avec 2 c. à s. d'huile d'olive, 1 pincée de sucre, un peu d'eau, du sel et du poivre. Laissez compoter 20 min, puis mixez. Suivez la recette de base, en remplaçant le coulis de tomates par ce coulis de poivrons rouges.

Pizza margarita au poulet et aux champignons sur pâte magique
Suivez la recette de base, en ajoutant 50 g de blanc de poulet cuit, effiloché et quelques champignons de Paris émincés, sur le coulis de tomates.

Pizza margarita aux légumes grillés sur pâte magique
Suivez la recette de base, en ajoutant sur la pizza, au moment de l'enfourner, 400 g de légumes grillés marinés à l'huile d'olive, bien égouttés (artichauts, poivrons, courgette...).

Pizza margarita aux épinards et à l'œuf sur pâte magique
Suivez la recette de base, en ajoutant 1 poignée de pousses d'épinards sur la pizza. Quand la pizza est presque cuite, sortez-la du four, cassez délicatement 1 œuf au centre, puis enfournez à nouveau, pour 3 à 4 min.

Variantes

Papillotes de saumon au couscous et aux herbes

Voir recette de base p. 106

Papillotes de poulet au couscous et aux herbes
Suivez la recette de base, en remplaçant les pavés de saumon par 2 blancs de poulet taillés en fines lanières.

Papillotes de saumon au couscous à la marocaine
Suivez la recette de base, en ajoutant dans la semoule 1 c. à c. de pâte de harissa, ½ c. à c. de ras-el-hanout et 1 c. à s. de raisins secs, en même temps que le fumet de poisson.

Papillotes de cabillaud au couscous et aux herbes
Suivez la recette de base, en remplaçant les pavés de saumon par 2 beaux pavés de cabillaud.

Papillotes de saumon au boulgour et aux herbes
Suivez la recette de base, en remplaçant la semoule de couscous par du boulgour.

Papillotes de saumon au couscous et au brocoli
Suivez la recette de base, en remplaçant la carotte et la courgette par ½ brocoli détaillé en petites fleurettes.

Variantes

Poulet sauce satay express

Voir recette de base p. 108

Salade de poulet sauce satay

Suivez la recette de base, en ajoutant, en fin de préparation, 4 c. à s. de lait de coco et 1 c. à s. de jus de citron vert. Laissez complètement refroidir, puis versez sur une salade verte (de préférence à feuilles assez épaisses : romaine ou batavia) émincée. Mélangez délicatement, ajoutez quelques rondelles d'oignon blanc pour servir.

Wraps de poulet sauce satay

Suivez la recette de base, puis garnissez des tortillas de blé souples avec la garniture. Parsemez de coriandre ciselée, roulez les wraps délicatement et servez aussitôt, ou déposez-les dans une boîte hermétique pour les emporter en pique-nique, par exemple.

Spaghettis sauce satay express

Suivez la recette de base, en ajoutant 4 c. à s. de lait de coco en fin de préparation. Faites cuire 100 g de spaghettis, puis mélangez-les avec cette sauce.

À l'avance !

Ces recettes peuvent être préparées à l'avance, par exemple le matin pour le soir, ou simplement en vous y prenant quelques minutes avant l'arrivée de vos invités. Vous laisserez votre plat mijoter tranquillement, sur le coin du fourneau, ou vous l'oublierez au réfrigérateur toute la journée : il suffira de l'enfourner, au début de l'apéritif. Au programme : daube, curry, gratin de pâtes...

Pain de maïs gratiné au comté

Pour 2 personnes

Ce pain de maïs se prépare avec du maïs en boîte et de la chapelure : il ne paie pas de mine, mais révèle un moelleux et un goût que beaucoup adorent ! N'hésitez pas à utiliser un reste de pain de campagne ou de pain aux céréales pour remplacer la chapelure : faites-le simplement tremper dans le lait quelques minutes, avant de l'émietter.

20 g de beurre pour le plat
½ oignon, finement émincé
70 g de chapelure fraîche
75 g de maïs doux en grains
1 œuf, battu à la fourchette
½ c. à c. de moutarde de Dijon
20 cl de lait
Sel, poivre du moulin
50 g de comté râpé

Préchauffez le four à 200 °C (th. 6/7). Beurrez soigneusement un plat à four. Mélangez dans une jatte tous les ingrédients sauf le comté, puis versez cette préparation dans le plat.

Saupoudrez la préparation de comté râpé. Enfournez pour 40 à 45 min : le pain de maïs doit être bien pris et doré.

Voir variantes p. 132

Bœuf en daube façon grand-mère

Pour 4 personnes

Le secret d'une daube réussie, c'est le premier rissolage sur le feu, dans la cocotte, permettant aux cubes de viande d'être bien dorés sur toutes leurs faces, avant la cuisson au four. Le fait d'ajouter de la farine sur la viande s'appelle « singer » : l'idée est d'obtenir une sauce bien épaisse et onctueuse, pour une daube aussi réconfortante que l'était celle de votre grand-mère...

900 g de viande de bœuf à bourguignon (gite, paleron, macreuse)
Sel, poivre du moulin
2 c. à s. d'huile de tournesol
1 gros oignon, émincé
2 c. à s. de vinaigre balsamique
2 c. à s. de farine
3 c. à s. de concentré de tomate
70 cl de bouillon de bœuf
3 gousses d'ail écrasées
1 bouquet garni (thym, laurier, persil)
16 petites pommes de terre nouvelles
3 carottes coupées en rondelles

Préchauffez le four à 160 °C (th. 5/6). Coupez en cubes la viande à bourguignon, salez et poivrez-les de tous côtés.

Faites chauffer l'huile à feu moyen dans une cocotte, ajoutez la viande et faites-la rissoler de tous côtés, 5 min environ. Ajoutez l'oignon et faites suer 5 min en mélangeant régulièrement.

Arrosez avec le vinaigre balsamique, mélangez en grattant les fonds de la cocotte avec une cuillère en bois, pour bien dissoudre les sucs de cuisson. Puis poudrez de farine et mélangez

délicatement, de manière à enrober de farine les cubes de viande. Ajoutez le concentré de tomate, puis le bouillon de bœuf, mélangez délicatement.

Ajoutez les gousses d'ail, le bouquet garni, les pommes de terre et les rondelles de carotte. Couvrez la cocotte et enfournez pour 2 h 30 environ.

Juste avant de servir, retirez le bouquet garni et rectifiez l'assaisonnement si nécessaire.

Voir variantes p. 133

Curry keema

Pour 3 personnes

Le curry keema est le préféré des amateurs de viande : le bœuf haché en est l'ingrédient principal, avec les pommes de terre et les petits pois. Il se sert avec une belle tombée de crème fraîche épaisse, de la coriandre fraîche ciselée et un filet de jus de citron vert.

1 c. à c. d'huile de tournesol
450 g de viande de bœuf hachée
Sel, poivre du moulin
1 oignon, finement haché
1,5 c. à s. de curry en poudre
3 pommes de terre à chair ferme moyennes, pelées et coupées en cubes
18 cl de bouillon de bœuf
400 g de tomates concassées
Sel, poivre du moulin
100 g de petits pois surgelés

Faites chauffer l'huile de tournesol dans une sauteuse, ajoutez la viande et l'oignon et faites rissoler 5 min, en mélangeant régulièrement pour bien séparer les grains. Ajoutez le curry et les cubes de pommes de terre, mélangez et laissez cuire 1 min.

Arrosez avec le bouillon, ajoutez les tomates concassées, salez et poivrez. Portez à frémissements, baissez le feu au minimum. Couvrez et laissez mijoter 25 min. Ajoutez enfin les petits pois, prolongez la cuisson 5 min.

Voir variantes p. 134

Spaghettis à la bolognaise

Pour 4 personnes

Ce grand classique est l'une des recettes préférées de tous les copains du monde, spécialement lorsqu'ils débarquent à l'improviste en fin de week-end. Ne transigez pas sur la qualité de la viande hachée : une bonne sauce bolognaise se prépare avec du bœuf fraîchement haché, idéalement choisie dans des morceaux peu gras.

1 c. à c. d'huile d'olive
450 g de viande de bœuf hachée
1 oignon moyen, haché
2 gousses d'ail, écrasées
1 carotte, finement émincée
2 c. à s. de concentré de tomate
600 g de tomates concassées
1 c. à c. de basilic ciselé
1 c. à c. d'origan séché
Sel, poivre du moulin
350 g de spaghettis
Parmesan frais râpé, pour servir

Faites chauffer l'huile d'olive à feu moyen dans un faitout, ajoutez la viande et faites rissoler 5 min, en mélangeant régulièrement pour bien séparer les grains.

Ajoutez l'oignon, l'ail et la carotte, faites suer 3 min. Ajoutez le concentré de tomate, les tomates concassées, le basilic, l'origan, du sel et du poivre. Portez à frémissements, baissez le feu au minimum. Couvrez, laissez mijoter 30 min.

Faites cuire les pâtes à l'eau bouillante salée suivant les instructions de l'emballage, puis égouttez-les.

Versez les pâtes dans le faitout, mélangez délicatement avec la sauce et servez immédiatement, saupoudré de parmesan.

Voir variantes p. 135

Salade panzanella

Pour 2 personnes

On sous-estime toujours l'importance du pain : une bonne baguette ou un bon pain de campagne sont la base de recettes incomparables, des plus simples aux plus élaborées. Ici, le pain s'imbibe du vinaigre balsamique et du jus des tomates – un délice !

300 g de tomates bien mûres
Sel fin
150 g de pain frais
2 c. à s. de vinaigre balsamique
1 petit oignon rouge, finement émincé
2 poivrons rouges grillés au naturel, émincés
4 c. à s. d'olives noires dénoyautées
1 c. à c. de câpres égouttées
1 gousse d'ail écrasée
3 c. à s. d'huile d'olive
Poivre du moulin
10 feuilles de basilic

Ébouillantez les tomates, puis rafraîchissez-les sous l'eau courante et pelez-les délicatement, mais ne les épépinez pas. Coupez-les en quartiers, mettez-les dans un saladier et poudrez-les de sel fin. Laissez macérer 30 min au réfrigérateur.

Faites légèrement griller le pain, puis rompez-le en morceaux de la taille d'une bouchée. Imbibez-les chacun de quelques gouttes de vinaigre balsamique.

Ajoutez dans le saladier l'oignon rouge, le poivron, les olives noires, les câpres et l'ail. Mélangez délicatement. Nappez d'huile d'olive, ajoutez les morceaux de pain, poivrez au moulin et ajoutez les feuilles de basilic. Servez immédiatement.

Voir variantes p. 136

Pain de viande

Pour 4 à 6 personnes

Servez ce pain de viande froid ou chaud, accompagné d'une salade verte bien assaisonnée, relevée d'ail et d'échalotes. À défaut d'utiliser un moule antiadhésif, préparez de préférence la variante au lard fumé *(voir page 137).*

1 courgette moyenne, grossièrement râpée
650 g de viande de bœuf hachée
3 tranches de pain émiettées
1 œuf
15 cl de lait
1 petit oignon haché
4 champignons de Paris hachés
1 c. à s. de sauce worcestershire
1 c. à c. d'origan
1 gousse d'ail écrasée
Sel, poivre du moulin
4 c. à s. de ketchup

Préchauffez le four à 190 °C (th. 6/7). Pressez la courgette râpée dans un linge pour éliminer le maximum d'eau de végétation. Mettez-la dans une jatte, ajoutez tous les autres ingrédients (sauf le ketchup) et mélangez intimement, pour former une sorte de pâte. Pressez la préparation dans un moule à pain antiadhésif. Déposez le ketchup sur le dessus.

Enfournez pour 1 h à 1 h 15 : le pain de viande doit être ferme. En fin de cuisson, retournez sur une grille disposée dans un plat creux pour laisser écouler l'excédent de graisse. Laissez refroidir reposer quelques minutes avant de servir.

Voir variantes p. 137

Pilons de poulet rôtis au miel

Pour 4 personnes

Achetez de préférence des cuisses de poulet entières (de poulet fermier) et séparez les pilons des hauts de cuisse en disloquant la jointure, avant de couper à l'articulation avec un couteau à manche large. Réservez les hauts de cuisse pour une autre recette.

12 pilons de poulet
Sel, poivre du moulin
1 c. à s. de moutarde à l'ancienne
2 c. à c. de miel d'acacia
1 c. à s. de vinaigre de vin blanc
2 c. à s. d'huile d'olive
Sel, poivre du moulin

Préchauffez le four à 180 °C (th. 6). Tapissez une plaque de four de papier sulfurisé, déposez-y les pilons de poulet, salez et poivrez-les de tous côtés.

Mélangez dans un bol la moutarde à l'ancienne, le miel, le vinaigre de vin blanc et l'huile d'olive. Badigeonnez les pilons de cette préparation, au pinceau. Enfournez pour 25 à 30 min.

Vérifiez la cuisson : plantez une pointe de couteau dans un pilon, le jus qui en ressort doit être clair. Servez immédiatement.

Voir variantes p. 138

Gratin de pâtes à la tomate et au chorizo

Pour 3 personnes

C'est le chorizo qui donne sa saveur et son piquant à ce gratin. Utilisez de préférence du chorizo de bonne qualité, qui sera moins gras et plus moelleux.

1 chorizo piquant
2 petits oignons rouges émincés
2 gousses d'ail écrasées
1 c. à c. de flocons de piment
2 feuilles de laurier
400 g de tomates concassées
15 cl de bouillon de volaille
1 c. à c. de romarin effeuillé
Sel, poivre du moulin
1 pincée de muscade râpée
250 g de pâtes (penne, rigatoni ou orrechietti)
4 c. à s. de crème fraîche
50 g de mozzarella

Ôtez la peau du chorizo, puis émiettez-le avec les doigts ou hachez-le au couteau.

Mettez le chorizo haché dans un faitout, faites suer 5 min à feu doux, en mélangeant régulièrement : il va relâcher une partie de sa matière grasse. Ôtez-en une partie à la cuillère, si cela vous semble nécessaire.

Ajoutez les oignons rouges, l'ail et le piment, faites suer 5 min. Ajoutez les feuilles de laurier, les tomates concassées, le bouillon de volaille, le romarin, du sel, du poivre et de la muscade. Portez à frémissements, laissez mijoter 10 min.

Pendant ce temps, faites cuire les pâtes à l'eau bouillante salée suivant les instructions de l'emballage, puis égouttez-les.

Préchauffez le four à 180 °C (th. 6). Incorporez la crème fraîche dans la sauce tomate au chorizo, puis ajoutez les pâtes et mélangez. Versez le tout dans un plat à four et ajoutez la mozzarella en lamelles, sur le dessus. Enfournez pour 25 min environ. Servez bien chaud.

Voir variantes p. 139

Variantes

Pain de maïs gratiné au comté

Voir recette de base p. 119

Pain de maïs aux épinards gratiné au comté
Suivez la recette de base, en remplaçant les grains de maïs par 1 petite poignée de pousses d'épinards. Ajoutez une pincée de piment en poudre.

Pain de maïs aux poivrons rouges gratiné au comté
Suivez la recette de base, en remplaçant les grains de maïs par 1 poivron rouge grillé au naturel, taillé en lanières. Ajoutez une pincée de paprika.

Pain de maïs aux artichauts gratiné au comté
Suivez la recette de base, en remplaçant les poivrons rouges par 3 à 4 cœurs d'artichauts au naturel, égouttés et coupés en quatre. Ajoutez également quelques olives vertes dénoyautées.

Pain de maïs gratiné au bleu
Suivez la recette de base, en remplaçant le comté par 100 g de fromage bleu (bleu de Bresse, bleu d'Auvergne…).

Variantes

Bœuf en daube façon grand-mère

Voir recette de base p. 120

Bœuf en daube à la betterave
Suivez la recette de base, en n'utilisant qu'une carotte. Ajoutez 2 petites betteraves crues, pelées et coupées en cubes.

Bœuf en daube au vin rouge façon grand-mère
Suivez la recette de base, en remplaçant la moitié du bouillon par 40 cl de vin rouge corsé (côtes-du-rhône, minervois...).

Bœuf en daube aux champignons de Paris
Suivez la recette de base, en ajoutant 250 g de champignons de Paris coupés en quatre, en même temps que les carottes.

Bœuf en daube à l'italienne
Suivez la recette de base, en ajoutant 400 g de tomates concassées, en même temps que le bouillon. Supprimez la moitié des pommes de terre.

Bœuf en daube aux pruneaux
Suivez la recette de base, en remplaçant la moitié des pommes de terre par 250 g de pruneaux.

Variantes

Curry keema

Voir recette de base p. 123

Curry keema aux épinards
Suivez la recette de base, en remplaçant les petits pois par 50 g de pousses d'épinards.

Curry keema au gingembre
Suivez la recette de base, en ajoutant 2 gousses d'ail écrasées et 1 cm de gingembre pelé et râpé, en même temps que le curry. Arrosez d'un filet de jus de citron vert et parsemez généreusement de coriandre ciselée.

Curry keema au chou-fleur
Suivez la recette de base, en remplaçant les pommes de terre par 225 g de fleurettes de chou-fleur. Réduisez de moitié le temps de cuisson, pour ne pas laisser le chou-fleur ramollir.

Curry de poulet aux pommes de terre et aux petits pois
Suivez la recette de base, en remplaçant la viande de bœuf hachée par 2 blancs de poulet finement émincés.

Variantes

Spaghettis à la bolognaise

Voir recette de base p. 124

Spaghettis à la bolognaise aux deux viandes
Suivez la recette de base, en remplaçant la viande de bœuf hachée par 250 g de viande de bœuf à bourguignon coupée en gros cubes et 400 g d'épaule de veau, en un seul morceau. Laissez mijoter environ 1 h, puis retirez les morceaux de viande, effilochez-les à la main, émincez-les au couteau et remettez-les dans la sauce. Prolongez la cuisson 30 min.

Spaghettis à la sicilienne
Suivez la recette de base, en ajoutant 100 g de tomates séchées marinées à l'huile d'olive, épongées et émincées, en même temps que les tomates. Remplacez l'origan par 100 g d'olives noires et 4 anchois au sel, dessalés, désarêtés et émincés.

Spaghettis à la bolognaise aux boulettes
Façonnez des boulettes de viande de bœuf entre les paumes des mains légèrement enfarinées. Suivez la recette de base, en faisant rissoler ces boulettes dans le faitout dès le début de la cuisson.

Spaghettis à la bolognaise pimentée
Suivez la recette de base, en ajoutant ½ piment rouge épépiné et finement émincé, en même temps que l'oignon et l'ail.

Variantes

Salade panzanella

Voir recette de base p. 126

Salade panzanella aux anchois
Suivez la recette de base, en ajoutant 4 petits filets d'anchois à l'huile, bien épongés.

Salade panzanella à la grecque
Suivez la recette de base, en ajoutant 1/4 de concombre épépiné et coupé en dés et 100 g de feta de brebis, cassée en petits cubes.

Salade panzanella à l'espagnole
Suivez la recette de base, en ajoutant 1/2 chorizo coupé en rondelles et une pincée de piment d'Espelette.

Salade panzanella au fromage de chèvre
Suivez la recette de base, en remplaçant les poivrons par 150 g de fromage de chèvre mi-sec, coupé en dés.

Salade panzanella au thon
Suivez la recette de base, en remplaçant les poivrons par 150 g de thon au naturel, délicatement effeuillé. Ajoutez un filet de jus de citron dans l'assaisonnement.

Variantes

Pain de viande

Voir recette de base p. 127

Pain de viande au comté et aux épinards
Suivez la recette de base à l'identique. Pressez la moitié de la préparation dans le moule, ajoutez une couche constituée de 75 g de comté râpé et 80 g de pousses d'épinards et déposez le reste de préparation sur le dessus. Cuisez comme indiqué.

Pain de dinde au cumin
Suivez la recette de base, en remplaçant la viande de bœuf par de la viande de dinde hachée. Ajoutez également 1 c. à c. de cumin en poudre et 2 c. à s. de coriandre fraîche ciselée.

Pain de viande au lard fumé
Tapissez le moule à pain avec de fines tranches de lard fumé, en les faisant se chevaucher et les laissant largement dépasser du moule. Suivez la recette de base, tassez la préparation dans le moule et refermez les tranches de lard sur le dessus. Cuisez comme indiqué.

Pain de viande aux olives
Suivez la recette de base, en ajoutant 80 g d'olives vertes dénoyautées et coupées en rondelles dans la préparation.

Variantes

Pilons de poulet rôtis au miel

Voir recette de base p. 129

Pilons de poulet rôtis à l'ail et au romarin
Suivez la recette de base, en supprimant le miel. Ajoutez 5 gousses d'ail écrasées et 2 branches de romarin frais (ou 1 c. à c. de feuilles de romarin hachées).

Pilons de poulet rôtis au miel et au sésame
Suivez la recette de base, en parsemant les pilons de 2 c. à s. de graines de sésame blanc avant de les enfourner.

Pilons de poulet rôtis au miel et au citron
Suivez la recette de base, en remplaçant le vinaigre de vin blanc par le jus fraîchement pressé de 1 citron jaune.

Pilons de poulet rôtis au miel et au piment
Suivez la recette de base, en ajoutant ½ piment rouge épépiné et émincé.

Travers de porc rôtis au miel
Suivez la recette de base, en remplaçant les pilons de poulet par 1,2 kg de travers de porc, coupés entre les côtes. Doublez la quantité de marinade, et portez le temps de cuisson à 45 min, en retournant les travers 2 à 3 fois.

Variantes

Gratin de pâtes à la tomate et au chorizo

Voir recette de base p. 130

Gratin de pâtes à la tomate et à la saucisse
Suivez la recette de base, en remplaçant le chorizo par 2 saucisses de Toulouse, coupées en fines rondelles.

Gratin de pâtes à la tomate et aux boulettes de viande
Suivez la recette de base, en remplaçant le chorizo par 700 g de viande de bœuf hachée, façonnée en boulettes entre les paumes des mains.

Gratin de pâtes à la tomate, aux poivrons et au chorizo
Suivez la recette de base en ajoutant 2 poivrons rouges épépinés et taillés en lanières, en même temps que les tomates. Remplacez également la muscade par du cumin.

Gratin de pâtes à la basquaise
Suivez la recette de base, en remplaçant le chorizo par 6 tranches de jambon de Bayonne émincées et les flocons de piment par 2 c. à c. de piment d'Espelette en poudre. Doublez la quantité de gousses d'ail et ajoutez 2 poivrons verts taillés en lanières.

Pour ma tribu

Histoires de colocation, auto-invitation des voisins ou envahissement régulier des copains de fac, il est toujours agréable de cuisiner pour une tribu entière. Les plats de ce chapitre sont le plus souvent prévus pour 4 personnes, mais ils se déclinent facilement pour de plus grandes tablées : 6, 8, 12... Il suffit d'augmenter les proportions ! Des recettes malignes qui ne cèdent en rien à la gourmandise, et qui se bouclent avec un budget mini !

Tajine de potiron aux pruneaux

Pour 4 personnes

Ce plat oriental peut être cuit en cocotte ou dans un plat à tajine, en terre cuite ou en métal, pour une une présentation parfaite. Le secret éternel du tajine : un premier rissolage, suivi d'une cuisson à feu douce, à couvert. Dépaysant !

1 c. à s. d'huile d'olive
1 gros oignon haché
2 gousses d'ail écrasées
1 c. à c. de cannelle en poudre
1 c. à c. de cumin en poudre
1 c. à c. de paprika
1 c. à c. de curcuma (facultatif)
400 g de pois chiches au naturel égouttés
400 g de tomates concassées
550 g de chair de potiron coupée en cubes
10 pruneaux d'Agen
50 cl de bouillon de volaille
80 g de boulgour

Faites chauffer l'huile d'olive dans une cocotte, ajoutez l'oignon et l'ail et faites suer 5 min à feu moyen. Ajoutez toutes les épices et prolongez la cuisson 2 min en mélangeant, pour bien les torréfier.

Ajoutez les pois chiches, les tomates, les cubes de potiron et les pruneaux. Arrosez avec le bouillon, portez à frémissements. Laissez mijoter 15 min.

Ajoutez le boulgour, mélangez délicatement et baissez le feu au minimum. Couvrez, laissez mijoter à feu très doux, 15 à 20 min : le boulgour doit être bien tendre et avoir complètement absorbé le liquide.

Voir variantes p. 154

Minestrone

Pour 4 personnes

Le vrai minestrone italien peut mijoter plusieurs heures au coin du feu, l'important étant de n'ajouter les pâtes et les haricots rouges que 10 minutes avant la fin de la cuisson. Servez saupoudré de poivre du moulin et de parmesan fraîchement râpé, avec du pain ciabatta.

2 c. à s. d'huile d'olive
1 gros oignon haché
3 gousses d'ail écrasées
2 branches de céleri émincées
1 grosse carotte, taillée en julienne
150 g de haricots verts, coupés en tronçons
3 feuilles de chou vert, émincées
Sel, poivre du moulin
250 g de tomates concassées
1 litre de bouillon de volaille ou de légumes
125 g de haricots rouges au naturel, égouttés
50 g de petites pâtes (orzo)
1 c. à c. de basilic ciselé

Faites chauffer l'huile d'olive dans une cocotte à feu moyen, ajoutez l'oignon, l'ail, le céleri et la carotte. Faites suer 5 min environ, en mélangeant régulièrement. Ajoutez les tronçons de haricots verts, le chou vert émincé, du sel et du poivre. Faites chauffer 2 min.

Ajoutez les tomates concassées, arrosez avec le bouillon de volaille et portez à frémissements. Laissez mijoter à feu doux 30 min, puis ajoutez les haricots rouges et les pâtes orzo. Laissez cuire encore 10 min environ : les pâtes doivent être juste cuites. En fin de cuisson, ajoutez le basilic et mélangez délicatement.

Voir variantes p. 155

Risotto au four

Pour 4 personnes

Peu onéreux et quasiment inratable, le risotto a un seul gros défaut : il faut rester devant pour le remuer régulièrement... Sauf avec cette version maligne, qu'on glisse simplement au four en attendant qu'il gonfle tout seul.

1 petit oignon haché
40 g de beurre
200 g de riz arborio
80 cl de bouillon de volaille
80 g de petits pois surgelés
125 g de talon de jambon coupé en dés
Le zeste râpé et le jus de ½ citron non traité
Sel, poivre du moulin

Préchauffez le four à 180 °C (th. 6). Faites fondre le beurre dans une cocotte ou un plat pouvant aller au four. Ajoutez l'oignon haché et faites suer 3 min à feu moyen. Ajoutez le riz arborio et mélangez sur le feu pour bien le nacrer.

Ajoutez tout le bouillon de volaille et les petits pois, portez à frémissements. Couvrez, enfournez pour 20 min environ.

Vérifiez la cuisson du riz : il doit être tendre, et tout le bouillon doit avoir été absorbé. Ajoutez les dés de jambon, puis le zeste et le jus de citron. Rectifiez l'assaisonnement, juste avant de servir.

Voir variantes p. 156

Chili con carne express

Pour 4 personnes

On devrait toujours garder dans son placard une belle boîte de haricots rouges, prêts à glisser dans un chili. Comme tout le monde le sait, le chili est toujours meilleur réchauffé : pour ne pas écraser les haricots, il est alors important de le faire réchauffer à feu très doux, et de le mélanger très délicatement de temps en temps.

1 c. à s. d'huile de tournesol
1 oignon haché
450 g de viande de bœuf hachée
2 gousses d'ail écrasées
2 à 3 c. à c. de piment en poudre
1 c. à c. de cumin en poudre
1 poivron vert émincé
2 c. à s. de concentré de tomate
400 g de tomates concassées
400 g de haricots rouges au naturel
75 g de maïs doux en grains
1 c. à c. d'origan séché
Sel, poivre du moulin
Crème fraîche, pour servir

Faites chauffer l'huile de tournesol dans une cocotte, ajoutez l'oignon et la viande de bœuf, faites rissoler 5 min en mélangeant régulièrement. Ajoutez l'ail, le piment, le cumin et le poivron. Faites suer ensemble 5 min.

Ajoutez tous les autres ingrédients, puis mélangez délicatement et portez à frémissements. Baissez le feu au minimum, couvrez et laissez mijoter environ 30 min.

Servez bien chaud, avec une belle tombée de crème fraîche.

Voir variantes p. 157

Pommes de terre gourmandes à la ciboulette √

Pour 4 personnes

Les meilleures pommes de terre sont peut-être celles qui cuisent simplement au four, entières et dans leur peau. Choisissez impérativement des pommes de terre à chair farineuse, de type bintje ou manon, pour qu'elles soient bien fondantes après cuisson.

8 belles pommes de terre à chair farineuse
Huile d'olive
Sel, poivre du moulin
125 g de mascarpone
1 c. à s. de crème fraîche épaisse
2 c. à s. de ciboulette ciselée

Coleslaw
1/4 de chou blanc
1 carotte
1/2 c. à c. de sel
2 c. à s. de mayonnaise
1 c. à s. de jus de citron
1/2 c. à c. de moutarde aigre-douce

Préchauffez le four à 160 °C (th. 5/6). Lavez les pommes de terre sous l'eau courante, sans les peler, puis déposez-les sur une plaque de four. Nappez-les d'un filet d'huile d'olive, salez et poivrez. Enfournez pour 1 h à 1 h 30, suivant leur taille.

Pendant ce temps, préparez le coleslaw. Râpez finement le chou blanc et la carotte, salez et mélangez. Laissez dégorger 1 h.

Égouttez soigneusement le chou blanc et la carotte, puis ajoutez tous les autres ingrédients du coleslaw. Mélangez délicatement.

Mélangez dans un bol le mascarpone, la crème fraîche, du sel et du poivre. Sortez les pommes de terre du four, fendez-les en quatre avec un couteau, puis surmontez chacune d'une cuillerée à café de la préparation au mascarpone.

Déposez deux pommes de terre gourmandes dans chaque assiette, parsemez de ciboulette ciselée et servez avec le coleslaw.

Voir variantes p. 158

Saucisses grillées et polenta crémeuse √

Pour 4 personnes

Vous trouverez la polenta blanche dans les épiceries italiennes : préparée avec des variétés de maïs à grains blancs, elle est plus fine et plus soyeuse que la polenta jaune, avec un parfum moins prononcé. Veillez bien à choisir de la polenta à cuisson rapide, au risque de devoir la mélanger sur le feu... environ 40 minutes !

20 cl de lait
50 cl d'eau
1 pincée de sel
180 g de polenta blanche à cuisson rapide
40 g de beurre
50 g de parmesan fraîchement râpé
8 belles chipolatas (ou 4 saucisses de Toulouse)
Poivre du moulin

Mélangez dans une casserole le lait et l'eau, ajoutez la pincée de sel et portez à frémissements. Ajoutez la polenta en pluie et laissez cuire 3 à 4 minutes, sans cesser de mélanger : la polenta doit épaissir. Hors du feu, incorporez le beurre et le parmesan.

Faites cuire les chipolatas sur un gril ou dans une poêle, 10 min à feu moyen, en les retournant régulièrement. Ne les piquez pas !

Servez les chipolatas avec la polenta, en donnant un tour de moulin à poivre.

Voir variantes p. 159

Ratatouille provençale et halloumi grillé

Pour 3 à 4 personnes

Typiquement crétois, l'halloumi est un fromage incroyable : il ne fond pas à la chaleur et on peut donc le faire... griller ! On le déguste ainsi bien doré des deux côtés, après l'avoir fait griller de préférence au barbecue ou simplement dans une poêle antiadhésive, chauffée sans matière grasse.

4 c. à s. d'huile d'olive
1 oignon moyen, haché
1 gousse d'ail écrasée
1 petit poivron rouge, coupé en cubes
1 petit poivron vert, coupé en cubes
2 courgettes, coupées en rondelles
1 petite aubergine, coupée en cubes
400 g de tomates concassées
1 c. à c. d'origan
Sel, poivre du moulin
250 g d'halloumi
1 c. à s. de jus de citron

Faites chauffer la moitié de l'huile d'olive dans une sauteuse. Faites-y suer l'oignon et l'ail, 3 min à feu moyen. Ajoutez les cubes de poivrons, faites sauter 5 min. Réservez dans une jatte.

Faites chauffer le reste d'huile d'olive dans la même sauteuse, ajoutez-y les rondelles de courgettes et d'aubergine, faites sauter 10 min. Ajoutez la préparation précédente, les tomates concassées, l'origan, du sel et du poivre. Mélangez, couvrez et laissez mijoter 30 min.

Vers la fin de la cuisson, coupez l'halloumi en 6 à 8 tranches. Faites-les griller 2 min de chaque côté, dans une poêle antiadhésive bien chaude.

Ajoutez le jus de citron dans la ratatouille, rectifiez l'assaisonnement et servez avec les tranches d'halloumi grillées.

Voir variantes p. 160

Burgers maison aux épices

Pour 4 personnes

Impossible de résister à un vrai burger maison, avec un vrai bon steak bien grillé, encore moelleux à cœur. Le *must* : faites hacher la viande devant vous par votre boucher : ce sera le même prix, et vous goûterez la différence !

1 c. à c. d'huile de tournesol
4 pains à hamburger aux graines
1 tomate, coupée en rondelles
Laitue iceberg, émincée
Mayonnaise
Ketchup

Steaks aux épices
450 g de viande de bœuf hachée
1 petit oignon haché
1 gousse d'ail hachée
1 c. à c. de cumin en poudre
1 c. à s. de concentré de tomate
1 pincée de piment en poudre
Sel, poivre du moulin

Mélangez tous les ingrédients des steaks, sans trop travailler la pâte. Façonnez en 4 palets entre les paumes des mains, pressez-les soigneusement et déposez-les sur une assiette couverte de papier sulfurisé. Réservez au frais 20 min.

Huilez légèrement une poêle, faites-y griller les steaks à feu vif, 2 à 3 min de chaque côté. Réservez-les au chaud, sous une feuille de papier d'aluminium.

Faites griller les pains à burger dans la poêle de cuisson des steaks, 1 min, pour les chauffer tout en les imprégnant du jus de cuisson. Garnissez-les de rondelles de tomates, laitue iceberg émincée, mayonnaise et ketchup, puis ajoutez les steaks. Servez immédiatement.

Voir variantes p. 161

Variantes

Tajine de potiron aux pruneaux

Voir recette de base p. 141

Tajine d'agneau aux pruneaux
Suivez la recette de base, en faisant rissoler dans la cocotte 450 g de viande d'agneau coupée en cubes, avant d'y ajouter l'oignon et l'ail. Réduisez de moitié la quantité de potiron. Prévoyez une cuisson totale d'environ 1 h, pour des cubes d'agneau parfaitement cuits.

Tajine de poulet aux pruneaux
Suivez la recette de base, en faisant rissoler dans la cocotte 4 cuisses de poulet, avant d'y ajouter l'oignon et l'ail. Réduisez de moitié la quantité de potiron. Prévoyez une cuisson totale d'environ 1 h, pour des cuisses de poulet parfaitement cuites.

Tajine de patate douce aux pruneaux
Suivez la recette de base, en remplaçant le potiron par de la patate douce.

Tajine de courge butternut aux abricots
Suivez la recette de base, en remplaçant le potiron par de la courge butternut et les pruneaux par 10 abricots séchés, coupés en deux.

Tajine de potiron aux pruneaux et aux amandes
Suivez la recette de base, en supprimant le boulgour. Au moment de servir, parsemez le tajine d'amandes effilées grillées à sec.

Variantes

Minestrone

Voir recette de base p. 142

Minestrone aux petits pois
Suivez la recette de base, en remplaçant les haricots rouges par 125 g de petits pois frais ou surgelés.

Minestrone au poulet et à l'origan
Suivez la recette de base, en ajoutant 2 blancs de poulet taillés en lanières, en même temps que le chou vert. Remplacez le basilic par de 1 c. à c. d'origan séché.

Minestrone au lard fumé
Suivez la recette de base, en ajoutez dans le minestrone 8 fines tranches de lard fumé, en même temps que les tomates.

Minestrone à la pomme de terre
Suivez la recette de base, en remplaçant les haricots rouges par 4 pommes de terre moyennes à chair ferme, coupées en gros cubes. Prolongez la dernière phase de cuisson de quelques minutes, pour que les cubes de pommes de terre soient bien cuits.

Variantes

Risotto au four

Voir recette de base p. 144

Risotto au four aux champignons de Paris
Suivez la recette de base, en supprimant les petits pois et les dés de jambon.
Pendant la cuisson du risotto, faites revenir dans une sauteuse 200 g de champignons de Paris émincés avec 20 g de beurre, 1 gousse d'ail écrasée et 2 c. à s. de persil plat ciselé.
Ajoutez-les dans le risotto cuit, en même temps que le jus de citron.

Risotto au four au parmesan
Suivez la recette de base, en remplaçant le jus et le zeste de citron par 80 g de parmesan fraîchement râpé.

Risotto au four aux épinards
Suivez la recette de base, en remplaçant les petits pois par 125 g de pousses d'épinards.

Risotto au four aux crevettes
Suivez la recette de base, en remplaçant les dés de jambon par 200 g de crevettes roses cuites, décortiquées, coupées en gros tronçons.

Variantes

Chili con carne express

Voir recette de base p. 145

Chili con carne express au chorizo
Suivez la recette de base, en remplaçant un tiers de la viande de bœuf hachée par 200 g de chorizo pelé et taillé en rondelles.

Chili végétarien express
Suivez la recette de base, en supprimant la viande. Ajoutez, en même temps que le poivron, 2 carottes coupées en rondelles, 2 pommes de terre à chair ferme coupées en cubes et ½ courge butternut, coupée en cubes.

Chili con carne express aux poivrons rouges
Suivez la recette de base, en supprimant le maïs. Remplacez le poivron vert émincé par 3 poivrons rouges, coupés en lanières.

Burritos au chili
Suivez la recette de base. Répartissez le chili dans des tortillas de blé souples, roulez-les délicatement et disposez-les bien serrées dans un plat à four. Recouvrez de comté râpé et enfournez pour 10 min sous le gril du four chaud.

Variantes

Pommes de terre gourmandes à la ciboulette

Voir recette de base p. 146

Pommes de terre gourmandes au saumon fumé
Suivez la recette de base, en ajoutant dans la garniture 3 tranches de saumon fumé taillées en fines lanières. Remplacez la ciboulette par de l'aneth.

Pommes de terre gourmandes au jambon
Suivez la recette de base, en ajoutant dans la garniture 125 g de talon de jambon taillé en dés.

Pommes de terre gourmandes aux deux fromages
Suivez la recette de base, en remplaçant le mascarpone par 60 g de comté râpé et 60 g de gorgonzola.

Pommes de terre gourmandes aux olives et aux tomates séchées
Suivez la recette de base, en ajoutant dans la garniture 10 olives noires dénoyautées et coupées en rondelles et 5 tomates séchées marinées à l'huile d'olive égouttées et finement émincées.

Pommes de terre gourmandes à la savoyarde
Suivez la recette de base, en remplaçant le mascarpone par 80 g de beaufort râpé. Ajoutez 3 tranches de viande des Grisons, taillées en fines lamelles.

Variantes

Saucisses grillées et polenta crémeuse

Voir recette de base p. 149

Côtes de porc grillées et polenta crémeuse
Suivez la recette de base, en remplaçant les chipolatas par de belles côtes de porc. Badigeonnez-les d'huile d'olive, salez et poivrez-les et poudrez-les d'herbes de Provence avant de les faire cuire sur un gril ou au barbecue, 5 min de chaque côté.

Polenta crémeuse et poêlée de champignons
Faites revenir 250 g de champignons de Paris émincés dans une sauteuse avec 50 g de beurre. Ajoutez 2 gousses d'ail écrasées et 3 c. à s. de persil plat ciselé, salez et poivrez et prolongez la cuisson 3 min. Servez cette poêlée de champignons avec la polenta, en supprimant les chipolatas.

Saucisses grillées et losanges de polenta
Préparez la polenta en suivant la recette de base, mais versez-la sur une plaque tapissée de papier sulfurisé, lissez à la spatule, puis laissez figer 1 h à température ambiante. Découpez la polenta en losanges, puis faites-les griller au beurre, dans une grande poêle, 2 à 3 min de chaque côté. Servez-les avec les chipolatas.

Saucisses grillées et polenta aux épices
Suivez la recette de base, en ajoutant dans la polenta ½ c. à c. de cumin en poudre et 1 pincée de flocons de piment.

Variantes

Ratatouille provençale et halloumi grillé

Voir recette de base p. 150

Ratatouille piquante et halloumi grillé
Suivez la recette de base, en ajoutant dans la ratatouille ½ piment épépiné et émincé, en même temps que les poivrons.

Ratatouille au curry et halloumi grillé
Suivez la recette de base, en ajoutant 1 c. à c. de curry, en même temps que l'origan.

Chakchouka
Suivez la recette de base, en supprimant l'aubergine et en doublant la quantité de poivrons. Une fois les légumes cuits, ménagez-y 2 creux avec le dos d'une louche, puis cassez un œuf dans chaque creux. Laissez cuire sans mélanger, 3 à 4 min. Supprimez l'halloumi.

Ratatouille aux haricots rouges et halloumi grillé
Suivez la recette de base, en ajoutant à mi-cuisson de la ratatouille 200 g de haricots rouges au naturel, égouttés et rincés.

Courgettes farcies à la niçoise
Suivez la recette de base, en supprimant les courgettes. Pendant ce temps, faites cuire 6 courgettes-boules à l'eau bouillante salée, 12 min, puis égouttez-les et laissez-les refroidir. Coupez-leur un chapeau, creusez-les délicatement et garnissez-les avec la ratatouille. Déposez-les dans un plat creux, parsemez d'emmental râpé et passez à four chaud, 20 min.

Variantes

Burgers maison aux épices

Voir recette de base p. 153

Burgers maison classiques
Suivez la recette de base, en supprimant simplement les épices.

Burgers maison, sauce aux câpres
Mettez dans le bol d'un mixeur 1 c. à s. de câpres égouttées, 1/4 d'oignon blanc, 1 échalote émincée, 1 c. à c. de moutarde forte et 1 c. à s. de crème fraîche. Mixez longuement, puis rectifiez l'assaisonnement si nécessaire. Suivez la recette de base, en remplaçant la mayonnaise et le ketchup par cette sauce aux câpres.

Burgers maison au Bresse Bleu
Suivez la recette de base, en supprimant les épices. Déposez sur le steak une fine tranche de Bresse Bleu, coupée dans l'épaisseur. Le Bresse Bleu est un fromage crémeux, à la saveur persillée, au format idéal pour un burger : le diamètre est parfait !

Burgers maison texans
Suivez la recette de base, en remplaçant le ketchup et la mayonnaise par de la sauce barbecue. Ajoutez quelques lamelles d'oignon rouge émincé et de fines tranches de lard fumé, bien grillées.

Épatez vos amis !

Cette collection de recettes inratables va définitivement forger votre réputation de grand cuisinier sur le campus, et même bien au-delà... Des entrées aux desserts, en passant par les plats complets, entrez de plain-pied dans l'univers des recettes gourmandes, qu'on cuisine d'abord pour se faire plaisir, puis pour faire plaisir aux autres...

Bouillon thaï aux crevettes

Pour 2 personnes

Cette petite soupe aux airs de véritable bouillon thaï se prépare en 10 minutes en tout. N'incorporez qu'un peu de pâte de curry au début de la cuisson, quitte à en ajuster la quantité par la suite – car elle peut être très piquante.

40 cl de lait de coco
20 cl de fumet de poisson
½ branche de citronnelle, finement émincée
½ à 1 c. à s. de pâte de curry vert
¼ de c. à c. de sucre en poudre
225 g de crevettes crues, décortiquées et déveinées
2 oignons nouveaux émincés
4 c. à s. de basilic ciselé
4 c. à s. de coriandre ciselée
1 filet de jus de citron vert

Dans une casserole, mêlez le lait de coco, le fumet de poisson, la citronnelle, la pâte de curry, le sucre et 5 cl d'eau. Faites chauffer à feu moyen, laissez frémir 3 min.

Ajoutez les crevettes et les oignons nouveaux et prolongez la cuisson 2 min : les crevettes doivent avoir juste rosi. Coupez le feu, ajoutez le basilic et la coriandre et mélangez délicatement pour faire infuser. Servez immédiatement, dans deux bols. Ajoutez enfin un filet de jus de citron vert.

Voir variantes p. 178

Bruschetta au pesto et aux tomates séchées

Pour 4 personnes

Pour une saveur maximale, utilisez l'huile d'olive de macération des tomates séchées pour napper les bruschettas.

8 tranches de ciabatta ou de pain de campagne
1 gousse d'ail
8 c. à c. d'huile d'olive
150 g de pesto
150 g de tomates séchées marinées à l'huile d'olive
Quelques feuilles de basilic

Préchauffez le four sur la position gril. Faites légèrement griller les tranches de pain, puis frottez-les avec la gousse d'ail. Arrosez chacune de 1 c. à c. d'huile d'olive, déposez-les sur une plaque tapissée de papier sulfurisé et enfournez pour 2 à 3 min sous le gril du four chaud.

Laissez légèrement tiédir les bruschettas, puis tartinez-les de pesto. Surmontez-les de tomates séchées et parsemez de feuilles de basilic.

Voir variantes p. 179

Plateau télé des carnivores

Pour 4 personnes

Le vrai plaisir d'un plateau télé à partager, c'est d'y mettre... tout ce qu'on aime ! Avec un avantage certain pour cette version définitivement carnivore : tous les mets sont disponibles en bas de chez vous. Laissez faire la trancheuse du charcutier et prévoyez large, pour ne vous disputer que la télécommande...

4 tranches de jambon à l'os
6 tranches de salami
6 tranches de mortadelle
8 tranches de chorizo
8 tranches de pain de campagne
Olives mêlées
Tomates cerises
Coleslaw (voir page 146)

Déposez toutes les tranches de charcuteries sur une grande assiette ou une planche en bois.

Suivant votre préférence, faites griller les tranches de pain de campagne ou laissez-les telles quelles. Déposez-les au centre de l'assiette, puis ajoutez les olives et les tomates cerises. Servez avec le coleslaw, présenté dans des petits ramequins individuels.

Voir variantes p. 180

Médaillons de filet mignon, sauce persillée

Pour 2 personnes

Viande particulièrement à la mode, le filet mignon est charnu, mais bien moelleux. Comme tous les morceaux de porc, il doit être cuit à cœur, mais il ne faut pas non plus le surcuire, pour qu'il ne se dessèche pas. Servez ce plat avec des haricots verts ou des pommes de terre cuites à la vapeur.

1 filet mignon de porc
Sel, poivre du moulin
2 c. à s. d'huile d'olive
15 cl de vin blanc sec
3 c. à s. de crème fraîche épaisse
1 gousse d'ail hachée
1 feuille de laurier
1 c. à s. de persil plat ciselé
2 quartiers de citron, pour servir

Détaillez le filet mignon en médaillons de 1 cm de large environ. Salez et poivrez-les des deux côtés. Faites chauffer l'huile d'olive dans une sauteuse, ajoutez les médaillons de filet mignon et faites-les revenir 2 min de chaque côté, à feu vif. Réservez-les dans une jatte.

Déglacez la sauteuse avec le vin blanc sec, puis ajoutez la crème fraîche, l'ail et le laurier. Laissez frémir 2 min, puis remettez la viande, baissez le feu au minimum et couvrez. Laissez mijoter 8 min.

Retirez la feuille de laurier, saupoudrez de persil ciselé et servez avec les quartiers de citron.

Voir variantes p. 181

Véritables spaghettis carbonara

Pour 4 personnes

Oubliez les spaghettis prétendument « carbonara » dégoulinant de crème fraîche, voisinés de lardons grillés ! La vraie recette utilise comme ingrédient de base de sa sauce... un peu d'eau de cuisson des pâtes, simplement versée sur les jaunes d'œufs battus. Une recette donc à la fois économique, rapide, facile et... sublime !

300 g de guanciale (joue de porc) ou de pancetta
Huile d'olive
250 g de spaghettis
5 jaunes d'œufs
Sel, poivre du moulin
60 g de parmesan râpé + un peu pour servir

Émincez la viande en lamelles, puis faites-les revenir dans une sauteuse avec un peu d'huile d'olive. Pendant ce temps, faites cuire les pâtes à l'eau bouillante salée suivant les instructions de l'emballage : elles doivent rester *al dente*.

Mettez les jaunes d'œufs dans une jatte, ajoutez du sel, du poivre et le parmesan. En fin de cuisson des pâtes, prélevez-y une louchée d'eau de cuisson, versez-la sur les jaunes et fouettez vigoureusement, pour bien faire mousser. Égouttez rapidement les pâtes, puis mélangez-les avec la viande émincée et la sauce. Répartissez dans les assiettes et parsemez de parmesan râpé. Servez immédiatement.

Voir variantes p. 182

Steaks grillés, beurre de basilic

Pour 2 personnes

On peut faire griller des steaks de viande rouge au barbecue ou sur un gril en fonte, toujours bien chaud. Pour un résultat idéal, les steaks seront à température ambiante, depuis au moins 30 min. Respectez également le temps de repos après cuisson, pour laisser les chairs se détendre.

2 steaks de bœuf dans le filet ou le rumsteck, de 200 g chacun environ
Sel

Beurre de basilic
40 g de beurre demi-sel
2 c. à s. de basilic ciselé
1 gousse d'ail écrasée et hachée
1 pincée de zeste de citron râpé
Poivre du moulin

Pour le beurre d'herbes, travaillez le beurre à la fourchette, dans un bol, puis incorporez le basilic ciselé, l'ail haché, le zeste de citron et du poivre. Réservez au réfrigérateur.

Faites chauffer un gril à feu vif. Dégraissez soigneusement les steaks, puis déposez-les sur le gril chaud. Laissez cuire 1 à 4 min de chaque côté, suivant le degré de cuisson souhaité *(voir ci-contre)*.

Laissez reposer sous une feuille de papier d'aluminium, 5 min. Servez avec le beurre d'herbes.

Voir variantes p. 183

Bien griller une viande rouge

Le temps de cuisson d'une viande rouge varie en fonction de son épaisseur et de sa température, ainsi, bien sûr, de la température de l'ustensile de cuisson. Voici la cuisson idéale pour une entrecôte de 2 cm d'épaisseur.

Bleu : 1 min de chaque côté à feu vif, puis 1 min à feu moyen. La viande reste rouge vif à cœur.

Saignant : 1 min de chaque côté à feu vif, puis 2 min à feu moyen. La viande reste rose à cœur.

Bien cuit : 1 min de chaque côté à feu vif, puis 4 min à feu moyen. La viande est cuite à cœur.

Palets panés au thon

Pour 4 personnes

Le panko est une sorte de chapelure typique de la cuisine japonaise, constituée de morceaux plus grands, permettant d'obtenir des préparations panées plus croustillantes.

550 g de petites pommes de terre à chair farineuse, pelées
350 g de thon au naturel, égoutté et émietté
2 oignons nouveaux émincés
½ c. à c. de flocons de piment
Le zeste râpé et le jus de ¼ de citron
1 œuf
Poivre du moulin
100 g de panko (ou de chapelure)
Huile de tournesol
1 citron, pour servir

Faites cuire les pommes de terre à l'eau bouillante salée, 15 min environ. Égouttez-les, puis écrasez-les à la fourchette. Ajoutez le thon au naturel émietté, les oignons nouveaux émincés, les flocons de piment, le zeste et le jus de citron et l'œuf. Poivrez au moulin.

Façonnez des palets entre les paumes des mains, passez-les dans le panko ou la chapelure pour bien les en enrober. Faites-les frire dans une poêle avec 2 à 3 c. à s. d'huile de tournesol, 3 à 4 min de chaque côté à feu moyen. Servez les palets avec des quartiers de citron.

Voir variantes p. 184

Salade de poulet à l'aigre-douce

Pour 2 personnes

Tout le plaisir de cette salade réside dans le contraste de texture et de saveur entre les blancs de poulet, moelleux, les légumes crus et les amandes effilées, croustillantes. La sauce nappe le tout en apportant un incroyable parfum.

50 g d'amandes effilées
125 g de blanc de poulet cuit
100 g de mesclun
1 petite carotte, râpée
½ poivron rouge émincé
3 oignons nouveaux émincés
Persil ou coriandre

Sauce aigre-douce
1,5 c. à s. de jus de citron
1 c. à s. de miel
1 c. à s. nuoc-mam
2 c. à c. d'huile de sésame
1 c. à c. de sauce soja
2 c. à c. de gingembre fraîchement râpé
1 pincée de flocons de piment
1 gousse d'ail hachée

Faites griller les amandes à sec, puis réservez-les. Taillez le blanc de poulet cuit en fines lanières, puis mélangez-les dans un saladier avec le mesclun, la carotte râpée, le poivron rouge et les oignons nouveaux.

Mélangez dans un bol tous les ingrédients de la sauce aigre-douce, fouettez à la fourchette pour bien émulsionner. Versez cette sauce sur les ingrédients du saladier, mélangez délicatement. Juste avant de servir, parsemez de persil ou de coriandre et des amandes effilées grillées.

Voir variantes p. 185

Tarte feuilletée aux légumes grillés et à la feta

Pour 4 personnes

Une tarte mêlant gourmandise et savoir-manger, avec sa pâte croustillante et ses légumes fondants. Servie avec une salade verte assaisonnée d'ail et de vinaigre balsamique, elle forme un repas sensationnel, qui fera votre réputation sur tout le campus universitaire...

1 bulbe de fenouil, émincé
1 courgette moyenne, émincée
225 g de tomates cerises
1 petit poivron rouge ou jaune, taillé en lanières
1 petit oignon rouge, coupé en quartiers
2 c. à s. d'huile d'olive
1 c. à c. d'herbes de Provence
Sel, poivre du moulin
1 pâte feuilletée préétalée
2 c. à s. de pesto
100 g de feta de brebis

Préchauffez le four à 190 °C (th. 6/7). Déposez sur une plaque de four le fenouil émincé, la courgette, les tomates cerises, les lanières de poivron, et l'oignon rouge. Nappez d'huile d'olive, parsemez d'herbes de Provence, salez et poivrez. Enfournez pour 20 à 30 min, pour bien faire griller les légumes. Retournez-les délicatement à mi-cuisson.

Pendant ce temps, déroulez la pâte feuilletée, puis garnissez-en un grand moule à tarte (rond ou rectangulaire, en fonction de la forme de la pâte). Piquez le fond de tarte à la fourchette, puis placez-la au réfrigérateur, 30 min.

Sortez la plaque du four (laissez celui-ci allumé), laissez les légumes tiédir. Sortez le fond de tarte du réfrigérateur, badigeonnez-le de pesto, puis déposez-y les légumes grillés, en préservant un pourtour de 1 cm environ. Enfournez à nouveau, pour 15 min.

Émiettez la feta sur la tarte, puis enfournez-la une dernière fois, pour 5 min. Laissez légèrement tiédir avant de découper en parts et de servir.

Voir variantes p. 186

Poulet rôti parfait

Pour 4 personnes

Dans le monde entier, parmi toutes les gastronomies de la planète, personne n'a encore trouvé de recette ayant meilleure réputation : définitivement, irrémédiablement, inéluctablement, le poulet rôti reste le meilleur plat du monde ! En voici la recette ultime, inratable et délicieuse. À vos fourchettes !

1 poulet fermier de 1,3 kg environ
1 citron non traité, coupé en deux
2 oignons pelés, coupés en quatre
10 gousses d'ail pelées
2 c. à s. d'huile d'olive
Sel, poivre du moulin
450 g de petites pommes de terre nouvelles
1 c. à c. d'herbes de Provence
35 cl de bouillon de volaille

Préchauffez le four à 190 °C (th. 6/7). Glissez à l'intérieur du poulet les demi-citrons, la moitié des quartiers d'oignons et 2 gousses d'ail écrasées. Déposez le poulet dans un plat à four, nappez-le généreusement d'huile d'olive, salez et poivrez au moulin.

Répartissez les pommes de terre dans le plat, autour du poulet, ainsi que le reste des oignons et des gousses d'ail. Parsemez le tout des herbes de Provence. Versez la moitié du bouillon de volaille dans le fond du plat.

Enfournez pour 1 h 20 environ, en badigeonnant régulièrement le poulet de son jus de cuisson. Vérifiez la cuisson en plantant une pointe de couteau dans la chair du poulet : le jus qui s'écoule doit être clair. Vous pouvez aussi utiliser un thermomètre ou une sonde de cuisson : il doit indiquer 74 °C au cœur de la viande.

Sortez le plat du four, réservez le poulet dans un plat creux. Ajoutez-y le reste de bouillon de volaille et mélangez sur le feu, 2 à 3 min, pour bien faire dissoudre les sucs de cuisson. Remettez le poulet dans le plat et servez immédiatement.

Voir variantes p. 187

Variantes

Bouillon thaï aux crevettes

Voir recette de base p. 163

Bouillon thaï au poisson
Suivez la recette de base, en remplaçant les crevettes par 1 beau filet de poisson blanc coupé en gros cubes : cabillaud, julienne... Laissez-les cuire 1 à 2 min dans le bouillon frémissant.

Bouillon thaï aux crevettes et au maïs
Suivez la recette de base, en ajoutant 150 g de grains de maïs doux, égouttés et rincés.

Bouillon thaï pimenté aux crevettes
Suivez la recette de base, en ajoutant 1 piment jalapeño épépiné et émincé, dès le début de la cuisson.

Bouillon thaï au poulet
Suivez la recette de base, en remplaçant les crevettes par 1 blanc de poulet, taillé en fines lanières. Ajoutez-les dès le début de la cuisson, en même temps que le lait de coco.

Bouillon thaï aux légumes
Suivez la recette de base, en remplaçant les crevettes par une pomme de terre à chair ferme coupée en cubes, ½ courgette coupé en rondelles et quelques haricots verts. Ajoutez ces légumes au début de la cuisson et laissez cuire environ 15 min à frémissements. N'ajoutez les herbes et les oignons nouveaux que 2 min avant la fin de la cuisson.

Variantes

Bruschetta au pesto et aux tomates séchées

Voir recette de base p. 164

Tomates séchées maison
Coupez des tomates allongées (roma) en quatre dans la longueur, épépinez-les délicatement. Badigeonnez-les d'huile d'olive, déposez-les sur une plaque, poivrez au moulin. Enfournez pour 1 h 30 environ, à 100 °C (th. 3/4). Une fois les tomates joliment séchées (mais pas racornies !), mettez-les dans un bocal et arrosez-les d'huile d'olive. Laissez macérer à l'abri de la lumière, sans limite de temps.

Bruschetta au pesto, à la tomate et à la mozzarella
Suivez la recette de base, en remplaçant les tomates séchées par de fines tranches de mozzarella de bufflonne et de tomates bien mûres.

Bruschetta à la tapenade et aux poivrons marinés
Suivez la recette de base, en remplaçant le pesto par de la tapenade noire et les tomates séchées par des poivrons rouges grillés, marinés à l'huile d'olive, taillés en lanières.

Bruschetta au fromage de chèvre
Suivez la recette de base, en supprimant le pesto et les tomates séchées. Déposez sur le pain des fines tranches de tomates et de jolis copeaux de fromage de chèvre. Remplacez les feuilles de basilic par de la ciboulette.

Variantes

Plateau télé des carnivores

Voir recette de base p. 167

Plateau télé des pêcheurs
Suivez la recette de base, en remplaçant la charcuterie par un assortiment de poissons fumés (saumon, truite, marlin), de crevettes roses et de coquillages (bulots, huîtres...). Remplacez le coleslaw par une salade de concombre au yaourt et à l'aneth.

Plateau télé des végétariens
Suivez la recette de base, en remplaçant la charcuterie par des petits légumes crus (radis, bâtonnets de carottes ou concombre, lanières de poivrons) ou cuits à la vapeur (fleurettes de brocolis, pois gourmands...).

Plateau télé des fromagers
Suivez la recette de base, en remplaçant les charcuteries par un assortiment de fromages : composez un plateau en mariant les différentes familles de fromages (par exemple, 1 fromage à pâte cuite, 1 fromage à pâte molle lavée, 1 fromage à pâte molle fleurie, 1 fromage à pâte persillée, 1 fromage de chèvre).

Plateau télé façon tapas
Remplacez tous les ingrédients par un assortiment de tapas catalans : petits canapés, bouchées à la sardine ou au chorizo, minibrochettes de crevettes...

Variantes

Médaillons de filet mignon, sauce persillée

Voir recette de base p. 168

Médaillons de filet mignon à la moutarde
Suivez la recette de base, en ajoutant 1 c. à s. de moutarde à l'ancienne, en même temps que la crème fraîche. Supprimez l'ail.

Médaillons de filet mignon aux champignons de Paris
Suivez la recette de base, en faisant revenir dans la sauteuse 200 g de champignons de Paris émincés, juste après les médaillons de filet mignon. Faites-les sauter environ 10 min avant d'ajouter le vin blanc sec.

Médaillons de filet mignon, sauce piquante
Suivez la recette de base, en remplaçant le persil plat par 1 c. à c. de paprika et 1 grosse pincée de piment en poudre.

Médaillons de filet mignon aux oignons caramélisés
Pelez et émincez finement 2 oignons jaunes, puis faites-les dorer dans une poêle avec un filet d'huile de tournesol, 10 min à feu vif, en mélangeant régulièrement. Poudrez de 1 c. à s. de sucre en poudre et faites caraméliser quelques minutes, sans laisser brunir. Suivez la recette de base, puis servez les médaillons surmontés d'oignons caramélisés.

Variantes

Véritables spaghettis carbonara

Voir recette de base p. 169

Spaghettis carbonara au saumon
Remplacez la viande par 4 tranches de saumon fumé, taillées en fines lanières. Supprimez la phase de cuisson : ajoutez les lanières de saumon directement dans les pâtes avec la sauce, juste avant de servir.

Spaghettis carbonara express
Suivez la recette de base, en remplaçant la viande par des lardons fumés. Ajoutez un peu de crème fraîche avec les jaunes d'œufs, si vous le souhaitez.

Spaghettis carbonara aux courgettes
Lavez une courgette sans la peler, ôtez ses extrémités, puis râpez-la, pas trop finement. Faites-la sauter 2 min à peine, dans un filet d'huile d'olive. Suivez la recette de base, en ajoutant simplement les courgettes dans la sauce carbonara.

Spaghettis carbonara aux tomates séchées
Suivez la recette de base, en ajoutant 3 à 4 tomates séchées marinées à l'huile d'olive, épongées et émincées. Parsemez également d'un peu de ciboulette ciselée.

Variantes

Steaks grillés, beurre de basilic

Voir recette de base p. 170

Steaks grillés, beurre d'herbes
Suivez la recette de base, en remplaçant le basilic par 2 c. à s. de persil plat ciselé et 1 c. à s. de ciboulette ciselée.

Steaks grillés, sauce au bleu
Versez 15 cl de crème liquide dans une petite casserole, ajoutez 80 g de roquefort ou de fromage bleu et faites chauffer à feu doux. Servez les steaks avec cette sauce.

Steaks grillés, beurre de truffe
Râpez ½ truffe noire dans un bol, ajoutez 60 g de beurre demi-sel et travaillez soigneusement à la spatule pour le ramollir et incorporer la truffe râpée. Remplacez le beurre de basilic par ce beurre à la truffe.

Steaks grillés, beurre d'estragon
Suivez la recette de base, en remplaçant le basilic par 2 c. à s. d'estragon ciselé. Remplacez également l'ail par 1 échalote, finement hachée.

Variantes

Palets panés au thon

Voir recette de base p. 172

Palets panés au poisson

Suivez la recette de base, en remplaçant le thon par 300 g de filets de poisson blanc (cabillaud, julienne, lotte…) cuits à la vapeur, délicatement émiettés.

Palets panés au saumon et aux câpres

Suivez la recette de base, en remplaçant le thon par 300 g de chair de saumon au naturel. Ajoutez 1 c. à c. de petites câpres au vinaigre, égouttées, et 1 c. à s. de ciboulette ciselée.

Palets panés au thon et aux crevettes

Suivez la recette de base, en remplaçant la moitié du thon par 150 g de crevettes roses cuites, décortiquées et coupées en tronçons.

Palets panés à la sardine

Suivez la recette de base, en remplaçant le thon par 250 g de sardines à l'huile bien égouttées et épongées, désarêtées et émiettées. Veillez à ne pas complètement les écraser dans la préparation.

Variantes

Salade de poulet à l'aigre-douce

Voir recette de base p. 173

Salade d'agneau à l'aigre-douce
Suivez la recette de base, en remplaçant le blanc de poulet cuit par 200 g de viande d'agneau cuite : utilisez par exemple un reste de gigot, simplement taillé en lanières.

Salade végétarienne à l'aigre-douce
Suivez la recette de base, en remplaçant le blanc de poulet par 150 g de tofu coupé en cubes.

Salade de crevettes à l'aigre-douce
Suivez la recette de base, en remplaçant le poulet par 12 belles crevettes roses, cuites et décortiquées.

Salade de poulet, sauce César
Suivez la recette de base, en remplaçant la sauce par une sauce César : mixez 1 jaune d'œuf avec 1 c. à s. de moutarde, 3 c. à s. d'huile de tournesol, 1 c. à s. de vinaigre balsamique, 2 filets d'anchois, 1 c. à c. de sauce worcestershire, du sel, du poivre et 1 gousse d'ail écrasée.

Salade de poulet et d'avocat et à l'aigre-douce
Suivez la recette de base, en ajoutant dans la salade 1 avocat dénoyauté, pelé et coupé en lamelles.

Variantes

Tarte feuilletée aux légumes grillés et à la feta

Voir recette de base p. 174

Tarte feuilletée façon flammekueche
Suivez la recette de base, en remplaçant les légumes grillés par 500 g de pommes de terre à chair ferme coupées en rondelles, cuites à l'eau bouillante salée 15 min. Remplacez également le pesto par 3 c. à s. de crème fraîche épaisse. Surmontez les rondelles de pommes de terre d'oignon blanc émincé, avant d'enfourner.

Tagliatelles aux légumes grillés et à la feta
Suivez la recette de base, en supprimant la pâte feuilletée. Faites cuire des pâtes suivant les instructions de l'emballage, puis servez-les avec les légumes grillés et la feta émiettée. Mélangez délicatement et ajoutez un filet d'huile d'olive et un trait de jus de citron.

Omelette aux légumes grillés et à la feta
Suivez la recette de base, en supprimant la pâte feuilletée. Préparez une omelette avec 6 œufs et 10 cl de lait, puis parsemez-la des légumes grillés et de la feta. Repliez l'omelette sur cette garniture, servez immédiatement.

Tarte feuilletée à la tomate et au comté
Supprimez les légumes grillés. Étalez la pâte feuilletée, garnissez-en un moule à tarte, puis badigeonnez le fond avec 2 c. à c. de moutarde de Dijon. Répartissez sur le dessus de belles tranches de tomates cœur de bœuf, puis parsemez de comté râpé et de persil plat ciselé. Enfournez à 180 °C (th. 6) pour 35 min.

Variantes

Poulet rôti parfait

Voir recette de base p. 176

Paoulet rôti parfait aux 40 gousses d'ail
Suivez la recette de base, en supprimant les oignons et le citron. Glissez-y, en revanche, 7 à 8 belles gousses d'ail pelées, et entourez-le d'une trentaine de gousses, en chemise (non pelées). Remplacez les herbes de Provence par du romarin.

Poulet rôti parfait à la marocaine
Suivez la recette de base, en remplaçant le citron par 1 citron confit. Ajoutez ½ c. à c. de ras-el-hanout, la moitié à l'intérieur du poulet et le reste contre sa peau. Ajoutez enfin dans le poulet 1 petite botte de coriandre fraîche.

Poulet rôti parfait aux légumes-racines
Suivez la recette de base, en remplaçant les pommes de terre par 2 panais, 2 navets, 2 grosses carottes et 1 rutabaga. Pelez-les, coupez-les en 4 et répartissez-les simplement autour du poulet.

Poulet rôti parfait aux champignons de Paris
Suivez la recette de base, en remplaçant les pommes de terre par 400 g de champignons de Paris, simplement coupés en 2 ou en 4, suivant leur taille.

Fringales du soir

Lorsqu'on rentre chez soi le soir après toute une journée de cours, on n'a pas nécessairement l'envie ou l'énergie de passer 2 heures à faire la popote... Ni d'ailleurs de faire les courses, ce qui implique de ne préparer à manger qu'avec les ingrédients du placard... Qu'importe, car l'appétit est là, et l'envie de se faire plaisir, intacte !

Toasts au thon régressifs

Pour 1 personne

Pas de trace de grande gastronomie dans ces toasts au thon définitivement régressifs ! Servez-les bien gratinés, avec une salade verte relevée d'ail et d'échalotes.

2 tranches de pain de mie ou de pain de campagne
2 c. à s. de ketchup
2 c. à s. de mayonnaise
150 g de thon au naturel, égoutté
2 c. à s. de maïs doux en boîte, égoutté
½ c. à c. de paprika
40 g de comté râpé

Préchauffez le four sur la position gril. Déposez les tranches de pain sur une plaque tapissée de papier sulfurisé, enfournez-les sous le gril 3 min, pour bien les griller d'un seul côté.

Mélangez dans un bol tous les autres ingrédients (sauf le comté). Retournez les tranches de pain, garnissez la face non-grillée avec la préparation au thon, puis parsemez généreusement de comté. Passez à nouveau sous le gril du four, 3 min environ.

Voir variantes p. 202

Croque-banane

Pour 1 personne

Quand une irrépressible envie de croque-monsieur le dispute à une terrible envie de sucré, une seule solution s'impose : un croque-banane !

1 petite banane mûre mais ferme
2 tranches de pain de mie blanc ou complet
2 c. à s. de beurre de cacahuètes
30 g de beurre

Coupez la banane en lamelles, de préférence en diagonale, pour obtenir les plus longues lamelles possibles. Tartinez les tranches de pain avec le beurre de cacahuètes, puis répartissez les lamelles de banane sur une de deux. Refermez le sandwich avec la deuxième tranche de pain.

Faites fondre le beurre, puis tartinez-en les deux tranches de pain, au pinceau. Poêlez votre croque-banane au toaster ou dans une poêle antiadhésive, 1 à 2 min de chaque côté.

Coupez le croque-banane en deux dans la diagonale, juste avant de le servir.

Voir variantes p. 203

Macaronade du dimanche soir

Pour 2 personnes (très gourmandes !)

Pour cette recette, les pâtes sont cuites par absorption, dans... du lait. En fin de préparation, l'indispensable fromage (ici, du comté jeune) vient lier le tout, pour un vrai bon plat roboratif et gourmand de fin de week-end.

225 g de gros macaronis
50 cl de lait demi-écrémé
1/4 de c. à c. de sel
1 c. à c. de moutarde de Dijon
1 c. à s. de crème fraîche
125 g de comté jeune râpé (ou d'emmental)
Poivre du moulin

Rincez soigneusement les macaronis sous l'eau courante, dans une passoire, puis mettez-les dans une casserole. Ajoutez le lait et le sel. Portez à frémissements à feu doux, surtout sans laisser bouillir.

Baissez le feu au minimum et laissez cuire à légers frémissements, en mélangeant régulièrement, pendant environ 15 min. Ajoutez un peu de lait si nécessaire, pour que les pâtes soient bien moelleuses.

Hors du feu, incorporez la moutarde et la crème fraîche, puis le comté. Mélangez délicatement (ce n'est pas un aligot !), puis donnez un tour de moulin à poivre avant de servir.

Voir variantes p. 204

Club fish des copains

Pour 2 personnes

Ne boudons pas notre plaisir : le poisson pané reste un aliment classique de notre enfance dans lequel on aime croquer entre deux tranches de pain. Pour peu de choisir un produit de qualité – par exemple des filets de cabillaud pané. Alors , pourquoi se priver ?

2 filets de cabillaud panés, prêts à cuire
1 filet d'huile de tournesol
Ketchup
4 tranches de pain de mie (blanc ou aux céréales)

Faites cuire les filets de cabillaud panés à feu moyen dans une poêle légèrement huilée, 3 à 4 min de chaque côté.

Garnissez de ketchup les tranches de pain de mie, puis déposez-y les filets de cabillaud panés. Refermez les sandwichs et coupez en deux dans la diagonale, avec un couteau à lame large.

Voir variantes p. 205

Sandwich des affamés

Pour 1 personne

De petites faims en grosses fringales, on a parfois envie d'un vrai bon gros sandwich bien garni, très riche et très gourmand. Dans ces cas-là, pas d'hésitation : le sandwich des affamés est là pour ça !

2 fines tranches de lard fumé
2 petites saucisses de Strasbourg
1 œuf
1 beau pain « bun » (à hamburger)
1 c. à c. de moutarde de Dijon
1 c. à c. de ketchup
½ oignon blanc, finement émincé
2 tranches de tomates

Faites chauffer une poêle à feu assez vif. Déposez-y les tranches de lard fumé, faites-les griller 2 à 3 min, en les retournant plusieurs fois. Récupérez-les, épongez-les sur du papier absorbant, réservez-les au chaud.

Ajoutez les saucisses de Strasbourg d'un côté de la poêle, cassez l'œuf de l'autre côté. Laissez cuire 3 à 4 min.

Toastez légèrement les deux parties du pain, puis garnissez-les de ketchup et de moutarde. Ajoutez les saucisses, le lard, l'oignon blanc, les tranches de tomates et l'œuf. Dégustez tant que c'est chaud !

Voir variantes p. 206

Croque-monsieur

Pour 1 personne

Rien ne remplacera jamais le plaisir de déguster un croque-monsieur généreux, richement garni de fromage bien fondu. Et petite précision pour les mauvaises langues de votre connaissance : servi avec une salade verte relevée de quelques tomates cerises, le croque-monsieur forme un plat remarquablement équilibré !

2 tranches de pain de mie
40 g d'emmental ou de comté
1 belle tranche de jambon à l'os
Poivre du moulin
40 g de beurre fondu

Déposez des lamelles de fromage sur les tranches de pain de mie, puis placez le jambon sur le dessus. Poivrez généreusement, refermez le sandwich.

Badigeonnez le croque-monsieur de beurre fondu, des deux côtés, puis faites-le cuire au toaster ou simplement dans une poêle antiadhésive à feu moyen, 2 à 3 min de chaque côté.

Voir variantes p. 207

Triangles de tortillas croustillants et salsa aux herbes

Pour 4 personnes

De simples tortillas de blé peuvent devenir de vraies chips géantes, idéalement croustillantes. Un petit passage au four, et l'affaire est faite !

4 petites tortillas de blé souples

Salsa aux herbes
3 tomates bien mûres
1 petit oignon rouge, haché
1 gousse d'ail écrasée
1 piment jalapeño épépiné et émincé (facultatif)
2 c. à s. de coriandre fraîche ciselée
1 c. à s. de persil plat ciselé
Le jus de 1 citron vert
1 pincée de cumin en poudre
Sel, poivre du moulin

Préchauffez le four à 160 °C (th. 5/6). Coupez les tortillas de blé en quatre, déposez-les sur une plaque tapissée de papier sulfurisé, sans les superposer. Enfournez pour 10 à 15 min : elles doivent devenir dorées et croustillantes, sans commencer à brunir.

Pendant ce temps, préparez la salsa. Coupez les tomates en quartiers, épépinez-les, puis coupez-les en dés. Mélangez-les dans une jatte avec tous les autres ingrédients. Servez les triangles de tortilla avec la salsa.

Voir variantes p. 208

Rougail-saucisses aux haricots blancs

Pour 2 personnes

Le rougail-saucisses se prépare en quelques minutes, à partir des ingrédients du placard. On peut ainsi le personnaliser à l'extrême, jusqu'à y mettre des saucisses… de Strasbourg !

1 c. à s. d'huile d'olive
1 petit oignon rouge haché
2 gousses d'ail écrasées
1 petit chorizo coupé en rondelles
1 pincée de piment en poudre
400 g de tomates concassées
Sel, poivre du moulin
400 g de haricots blancs au naturel, égouttés et rincés
1 feuille de laurier
4 saucisses de Strasbourg

Faites chauffer l'huile d'olive dans une cocotte, ajoutez l'oignon rouge, l'ail et le chorizo. Faites suer 5 min à feu moyen.

Ajoutez le piment et les tomates concassées, salez et poivrez. Portez à frémissements, laissez mijoter 15 min, puis ajoutez les haricots blancs et le laurier. Couvrez et laissez mijoter 25 min.

Ajoutez les saucisses de Strasbourg coupées en rondelles et prolongez la cuisson 5 min. Ôtez le laurier avant de servir.

Voir variantes p. 209

Variantes

Toasts au thon régressifs

Voir recette de base p. 189

Toasts au thon à la sicilienne
Suivez la recette de base, en remplaçant le ketchup et la mayonnaise par 4 c. à s. de sauce arrabiata. Remplacez également le maïs par quelques câpres.

Toasts au maquereau fumé
Suivez la recette de base, en remplaçant le thon par 125 g de maquereau fumé, finement effeuillé. Remplacez également le ketchup par 2 c. à s. de crème fraîche.

Toasts façon flammekueche
Suivez la recette de base, en remplaçant la garniture par 2 c. à s. de crème fraîche épaisse, 1 oignon émincé en fines rondelles et 2 fines tranches de lard, taillées en lanières.

Poivrons farcis au thon
Coupez les calottes de 2 poivrons rouges en les laissant entiers, puis ôtez les graines et les membranes blanches qui se trouvent au centre. Garnissez-les d'une préparation faite avec 150 g de thon égoutté, 1 oignon rouge émincé, 3 c. à s. de coulis de tomates et 2 c. à c. de câpres. Ajoutez un peu de comté râpé et enfournez sous le gril du four 15 min.

Variantes

Croque-banane

Voir recette de base p. 190

Croque-banane au chocolat
Suivez la recette de base, en remplaçant le beurre de cacahuètes par 2 à 3 c. à s. de chocolat au lait grossièrement râpé.

Croque-banane au Nutella
Dans une version proche de la variante ci-dessus, mais encore plus simple et régressive, ajoutez sur vos bananes 1 belle tombée de Nutella ou d'une autre pâte à tartiner au chocolat. (Car rien n'empêche, sinon l'avis des nutritionnistes, de glisser dans le croque du beurre de cacahuètes *et* du Nutella !)

Croque-banane au miel
Suivez la recette de base, en remplaçant le beurre de cacahuètes par 2 c. à s. de miel, de préférence crémeux.

Croque-mangue
Suivez la recette de base, en remplaçant la banane par 1 petite mangue, taillée en fines lamelles.

Croque-banane aux noix et au sirop d'érable
Suivez la recette de base, en remplaçant le beurre de cacahuètes par quelques cerneaux de noix grossièrement concassés et un filet de sirop d'érable.

Variantes

Macaronade du dimanche soir

Voir recette de base p. 193

Macaronade du dimanche soir au jambon
Suivez la recette de base, en ajoutant, en même temps que le fromage, 150 g de talon de jambon blanc, coupé en petits dés.

Macaronade du dimanche soir pimentée
Suivez la recette de base, en ajoutant, dès le début de la cuisson, 1 petit morceau de piment rouge ou vert épépiné et haché.

Macaronade du dimanche soir à la tomate
Suivez la recette de base, en ajoutant, 3 min avant la fin de la cuisson, 2 petites tomates épépinées et taillées en dés. Mélangez délicatement, pour ne pas les écraser.

Macaronade du dimanche soir aux lardons
Suivez la recette de base, en commençant par faire revenir dans la casserole 125 g de petits lardons fumés. Ajoutez ensuite les autres ingrédients, dans le même ordre.

Macaronade du dimanche soir au parmesan
Suivez la recette de base, en remplaçant le comté par du parmesan fraîchement râpé.

Variantes

Club fish des copains

Voir recette de base p. 194

Club fish des copains à la tomate
Suivez la recette de base, en remplaçant le ketchup par de la sauce tartare. Ajoutez de belles tranches de tomates dans les sandwichs.

Club-sandwich des copains aux œufs durs
Suivez la recette de base, en remplaçant les filets de cabillaud panés par 2 œufs durs, coupés en larges tranches. Ajoutez quelques tranches de tomates.

Club fish-crudités des copains
Mélangez dans un bol 3 radis émincés avec 1 petit morceau de concombre coupé en lamelles, 2 feuilles de laitue émincées, 2 c. à s. de mayonnaise, un filet de jus de citron et 1 c. à s. de crème fraîche. Suivez la recette de base, en remplaçant le ketchup par cette préparation.

Club fish des copains à la mozzarella
Suivez la recette de base, en ajoutant dans chaque sandwich 2 fines tranches de mozzarella.

Club poulet des copains
Suivez la recette de base, en remplaçant les filets de cabillaud panés par des blancs de poulet panés. Pour les paner vous-même, passez des escalopes de poulet dans de la farine, puis dans de l'œuf battu et enfin dans de la chapelure, en appuyant fermement pour bien la faire adhérer.

Variantes

Sandwich des affamés

Voir recette de base p. 196

Burger des affamés
Suivez la recette de base, en remplaçant les saucisses de Strasbourg par 1 steak de viande de bœuf fraîchement haché.

Sandwich des affamés aux oignons frits
Suivez la recette de base, en remplaçant l'oignon blanc par 1 oignon jaune taillé en julienne, frit dans une poêle avec un peu d'huile de tournesol, puis épongez sur du papier absorbant.

Sandwich des affamés au jambon grillé
Suivez la recette de base, en remplaçant les tranches de lard fumé par 1 tranche épaisse de jambon de Paris, grillée 2 min de chaque côté.

Sandwich des affamés à la merguez
Suivez la recette de base, en remplaçant les petites saucisses de Strasbourg par 1 merguez, coupé en deux.

Hot dog des affamés
Suivez la recette de base, en remplaçant le pain bun par 1 petit pain blanc, coupé en deux dans la longueur. Supprimez l'œuf.

Variantes

Croque-monsieur

Voir recette de base p. 197

Croque-madame
Suivez la recette de base, en déposant délicatement un œuf au plat sur le croque-monsieur. Donnez un tour de moulin à poivre avant de servir.

Croque-monsieur au jambon cru
Suivez la recette de base, en remplaçant le jambon à l'os par 2 à 3 fines tranches de jambon de Bayonne ou de Parme.

Croque-monsieur tomate-roquette
Suivez la recette de base, en ajoutant, sur le jambon, 1 tranche de tomate et une petite poignée de feuilles de roquette.

Croque-monsieur à l'italienne
Suivez la recette de base, en remplaçant le jambon à l'os par du prosciutto (ou du jambon de Parme) et l'emmental ou le comté par 50 g de mozzarella coupée en lamelles.

Croque-reblochon
Suivez la recette de base, en remplaçant le fromage par 40 g de reblochon coupé en fines lamelles.

Variantes

Triangles de tortillas croustillants et salsa aux herbes

Voir recette de base p. 199

Triangles de tortillas croustillants et guacamole
Suivez la recette de base, en remplaçant la salsa aux herbes par un guacamole maison : pelez et dénoyautez 2 petits avocats bien mûrs, puis écrasez leur chair à la fourchette. Incorporez 1 c. à c. de jus de citron, 1 pincée d'épices mexicaines, 1 pincée de piment en poudre et 1 c. à c. de crème fraîche.

Triangles de tortillas croustillants pimentés et salsa aux herbes
Suivez la recette de base, en badigeonnant les triangles de tortillas de quelques gouttes d'huile d'olive au piment (celle utilisée pour les pizzas), avant de les enfourner.

Triangles de tortillas croustillants et salsa pimentée
Suivez la recette de base, en remplaçant une des tomates par un petit piment doux, finement émincé.

Triangles de tortillas croustillants au cumin et salsa aux herbes
Suivez la recette de base, en badigeonnant les triangles de tortillas d'un peu d'huile de tournesol et les parsemant de graines de cumin, avant de les enfourner.

Variantes

Rougail-saucisses aux haricots blancs

Voir recette de base p. 200

Rougail-saucisses comme à la Réunion
Suivez la recette de base, en ajoutant 1 petit morceau de gingembre pelé et râpé, en même temps que l'ail. Doublez la quantité de tomates. Remplacez le chorizo par 2 belles saucisses de Toulouse, coupées en rondelles, et supprimez les haricots blancs et les saucisses de Strasbourg. Servez avec du riz blanc.

Rougail-saucisses aux épices
Suivez la recette du rougail-saucisses comme à la Réunion ci-dessus, en ajoutant 1 petit morceau de galanga finement émincé et 1 c. à c. de massalé (mélange d'épices réunionnais), en même temps que le gingembre.

Rougail-saucisses au poireau
Suivez la recette de base, en remplaçant les haricots blancs par 3 blancs de poireaux finement émincés. (Ajoutez-les dans le rougail en même temps que le chorizo.)

Rougail-saucisses aux haricots rouges
Suivez la recette de base, en remplaçant les haricots blancs par des haricots rouges. Doublez la quantité de chorizo, mais supprimez les saucisses de Strasbourg.

Accompagnements

De nombreuses recettes de ce livre gagneront à être accompagnées de légumes, d'une salade ou d'un plat de féculent. Où chacun découvrira quel grand plaisir il y a à déguster une salade grecque aux tomates bien juteuses ou un pilaf de haricots noirs... Sans oublier les éternelles *wedges* de pommes de terre bien dorées, saupoudrées d'épices. À servir de préférence... en fait, avec tout !

Wedges de pommes de terre aux épices

Pour 2 personnes

Plus simples à préparer que les traditionnelles frites ou pommes allumettes (qui nécessitent une friteuse...), les *wedges* se cuisent directement au four. Variez la composition des épices en fonction de votre goût et du contenu de vos placards...

2 c. à s. d'huile d'olive
1/4 de c. à c. de paprika
1/4 de c. à c. de cumin en poudre
1 pincée de piment en poudre
Sel, poivre du moulin
2 grosses pommes de terre à chair farineuse (bintje, estima...)

Sauce blanche, pour servir
1 yaourt brassé
1 c. à c. de jus de citron
1 c. à s. de ciboulette ciselée
Sel, poivre du moulin

Préchauffez le four à 200 °C (th. 6/7). Mélangez dans un bol l'huile d'olive et les épices. Lavez soigneusement les pommes de terre sans les peler, puis coupez-les en petits quartiers, bien réguliers. Disposez-les sur une plaque creuse, puis nappez-les avec l'huile épicée. Poivrez au moulin, mélangez délicatement pour bien enrober d'huile les quartiers de pommes de terre. Enfournez pour 25 à 30 min, en remuant la plaque une à deux fois au cours de la cuisson.

Pendant ce temps, préparez la sauce blanche en mélangeant tous ses ingrédients, puis réservez-la au frais. Servez les wedges avec cette sauce.

Voir variantes p. 225

Salade grecque

Pour 2 personnes

Un grand classique qui fonctionne essentiellement grâce à la qualité des ingrédients : tomates bien mûres indispensables ! Mais ne chipotez pas non plus sur la qualité de la feta : privilégiez absolument de la feta de brebis, à la saveur plus affirmée.

2 belles tomates bien mûres, coupée en cubes
½ concombre, épépiné et taillé en dés
½ oignon rouge, finement émincé
Sel, poivre du moulin
1 c. à c. de jus de citron
3 c. à s. d'huile d'olive vierge extra
8 olives noires
1 c. à s. de basilic ciselé
125 g de feta de brebis

Mélangez dans un saladier les cubes de tomates, les dés de concombre et l'oignon rouge émincé. Salez et poivrez et mélangez délicatement. Placez au réfrigérateur et laissez macérer 30 min.

Assaisonnez de jus de citron et d'huile d'olive, mélangez délicatement. Ajoutez les olives et le basilic, puis la feta grossièrement émiettée. Servez immédiatement.

Voir variantes p. 226

Brocolis sautés à l'italienne

Pour 2 personnes

Les brocolis pâtissent parfois d'une mauvaise réputation, essentiellement due au fait qu'on les fait souvent trop cuire : ils deviennent ainsi flagadas et mollassons. Cette recette les fait cuire une première fois, très peu de temps, au four à micro-ondes, avant de les poêler 2 min. Elle préserve ainsi parfaitement leur texture.

½ tête de brocoli
1 c. à s. d'huile d'olive
2 gousses d'ail émincées
1 pincée de flocons de piment
2 c. à c. de jus de citron
Fleur de sel, poivre du moulin

Détaillez le brocoli en fleurettes, mettez-les dans un récipient adapté au four à micro-ondes. Ajoutez 2 c. à s. d'eau, couvrez et faites cuire au four à micro-ondes, 3 min à puissance maximale. (Vous pouvez aussi les faire cuire à la vapeur : comptez 5 min environ).

Faites chauffer l'huile d'olive dans une sauteuse, ajoutez l'ail et le piment, faites suer 2 min à feu moyen. Ajoutez les fleurettes de brocoli et faites sauter 1 à 2 min. Arrosez de jus de citron, salez et poivrez. Servez immédiatement.

Voir variantes p. 227

Salade de pommes de terre

Pour 4 personnes

Assaisonnées et vinaigrées encore tièdes, les pommes de terre s'imprègnent des saveurs de la sauce et des condiments. Ne la servez pas glacée, pour préserver la texture fondante.

800 g de pommes de terre à chair ferme (charlottes, BF15...)
1 jaune d'œuf
1 c. à c. de moutarde à l'ancienne
½ c. à c. de sel
Poivre du moulin
3 c. à s. d'huile de tournesol
3 c. à s. de crème fraîche
3 petits oignons nouveaux, finement émincés
2 c. à s. de persil plat ciselé
1 c. à s. de ciboulette ciselée
2 branches de céleri émincées (facultatif)
2 c. à s. de câpres ou de cornichons hachés (facultatif)
1 c. à s. de vinaigre de cidre

Faites cuire les pommes de terre à l'eau bouillante salée, sans les peler, 20 à 25 min suivant leur taille. Pendant ce temps, préparez la sauce : mélangez dans un bol le jaune d'œuf, la moutarde de Dijon, le sel et du poivre. Émulsionnez progressivement avec l'huile de tournesol, comme pour une mayonnaise, puis délayez avec la crème fraîche. Incorporez les oignons nouveaux, le persil plat, la ciboulette et, si vous le souhaitez, le céleri et les câpres ou les cornichons.

Égouttez les pommes de terre, puis laissez-les tiédir quelques minutes. Pelez-les délicatement, puis coupez-les en cubes et mettez-les dans un saladier. Arrosez immédiatement de vinaigre de cidre et mélangez pour les en imprégner. Ajoutez la sauce et mélangez délicatement pour les enrober. Laissez complètement refroidir et laissez macérer 1 h avant de servir.

Voir variantes p. 228

Salade de haricots verts aux lardons

Pour 2 personnes

Que ce soit pour une salade ou un pour un plat servi en accompagnement d'une viande, les haricots verts doivent toujours être servis *al dente*, c'est-à-dire légèrement croquants sous la dent. Le fait de les plonger dans de l'eau glacée immédiatement après la cuisson à l'eau ou à la vapeur le permet, tout en préservant leur couleur.

250 g de haricots verts effilés
100 g de très fins lardons
1 c. à s. de vinaigre de cidre
½ c. à c. de moutarde de Dijon
2 c. à s. d'huile d'olive
1 oignon nouveau émincé

Faites cuire les haricots verts à l'eau bouillante salée, 4 à 5 min : ils doivent rester *al dente*. Puis égouttez-les et rafraîchissez-les dans de l'eau glacée. Égouttez-les à nouveau.

Faites chauffer une poêle à feu vif. Ajoutez-y les lardons et faites-les griller 2 à 3 min, en mélangeant régulièrement pour ne pas les laisser brunir. Coupez le feu, déglacez la poêle avec le vinaigre de cidre, en grattant bien les sucs de cuisson. Ajoutez la moutarde et incorporez l'huile d'olive.

Mêlez dans un saladier les haricots verts, l'oignon nouveau émincé et les lardons avec la sauce. Mélangez délicatement.

Voir variantes p. 229

Semoule de couscous à l'orientale

Pour 4 personnes

Parfumée aux épices et mêlée d'herbes ciselées et de graines grillées, cette semoule se sert chaude ou tiède, en accompagnement d'une viande grillée, et même froid, en salade : relevez-la alors d'un peu de vinaigrette et ajoutez quelques tomates émincées *(voir variantes, page 230).*

200 g de semoule de couscous moyenne
3 c. à s. d'huile d'olive
1 c. à c. de ras-el-hanout
40 cl de bouillon de volaille
2 c. à s. de graines de sésame
1 c. à s. de graines de pavot
1 c. à c. de graines de cumin
1 c. à s. de persil plat ciselé
1 c. à s. de coriandre ciselée
1 c. à s. de menthe ciselée
1 c. à s. de jus de citron
Sel, poivre du moulin

Versez la semoule de couscous dans un plat creux, ajoutez l'huile d'olive et le ras-el-hanout et mélangez pour bien les répartir. Portez le bouillon à frémissements, versez-le sur la semoule et mélangez. Couvrez, laissez gonfler 5 min.

Pendant ce temps, faites griller toutes les graines à sec, dans une petite poêle antiadhésive, 30 secondes à feu vif.

Égrenez soigneusement la semoule de couscous à la fourchette, ajoutez les graines et les herbes, arrosez de jus de citron et rectifiez l'assaisonnement.

Voir variantes p. 230

Pilaf aux haricots noirs

Pour 2 personnes

Mariage classique à travers le monde (jambalaya, kedgeree...), le riz long et les haricots secs donnent un plat consistant et revigorant. Comme à Cuba, agrémentez ce plat d'un trait de sauce piquante et de lamelles de mangue fraîche, pour un joli contraste de saveurs.

1 c. à s. d'huile d'olive
1 petit oignon haché
1 gousse d'ail écrasée
75 g de riz long
½ c. à c. de cumin en poudre
1 pincée de piment en poudre
18 cl de bouillon de légumes
½ c. à c. d'origan séché
400 g de haricots noirs au naturel
2 tomates taillées en dés
Sel, poivre du moulin

Faites chauffer l'huile d'olive dans une sauteuse ou une grande casserole. Ajoutez l'oignon et l'ail, faites suer 3 min, puis ajoutez le riz et faites nacrer sur le feu en mélangeant régulièrement. Ajoutez le cumin et le piment, mélangez, puis arrosez avec le bouillon. Couvrez, baissez le feu au minimum et laissez cuire 20 min.

Vérifiez que le riz est tendre, prolongez la cuisson quelques minutes en ajoutant un peu d'eau si nécessaire. Ajoutez les haricots noirs égouttés et les dés de tomates. Mélangez délicatement, faites chauffer ensemble quelques minutes. Salez et poivrez au moment de servir.

Voir variantes p. 231

Dhal aux épinards

Pour 2 personnes (en plat complet) ou 4 (en accompagnement)

Le plat national indien gagne à être découvert : cette soupe épaisse, où les lentilles ont juste éclaté, forme un repas complet, à accompagner simplement d'un pain naan ou d'un un peu de riz blanc. Les oignons frits du dessus ne sont pas indispensables... mais pourquoi s'en passer ?

200 g de lentilles corail
20 cl de lait de coco
½ c. à c. de curcuma en poudre
1 c. à c. de cumin en poudre
½ c. à c. de sel
2 c. à s. d'huile de tournesol
1 petit oignon émincé
50 g de pousses d'épinards
2 c. à s. de coriandre ciselée (facultatif)

Rincez les lentilles, puis mettez-les dans une grande casserole. Ajoutez le lait de coco et 50 cl d'eau et portez à frémissements. Écumez régulièrement.

Ajoutez le curcuma, le cumin et le sel. Baissez le feu au minimum, puis laissez mijoter 15 min sans couvrir : vous devez obtenir une soupe épaisse, les lentilles ayant éclaté. Si la texture est plus proche d'une purée, allongez d'un peu d'eau.

À part, faites chauffer l'huile de tournesol dans une poêle. Ajoutez l'oignon et faites-le frire quelques minutes à feu vif, en mélangeant régulièrement : il doit bien croustiller. Une fois le dhal cuit, ajoutez les pousses d'épinards et, si vous le souhaitez, la coriandre. Servez bien chaud, avec l'oignon au centre.

Voir variantes p. 232

Écrasée de pommes de terre aux herbes

Pour 3 à 4 personnes

De simples pommes de terre cuites à l'eau peuvent révéler une saveur incroyable... Un bon coup de fourchette pour les écraser, une belle noix de beurre et quelques herbes fraîches : vous tenez un accompagnement succulent pour voisiner aussi bien une viande grillée qu'un simple œuf au plat !

450 g de pommes de terre nouvelles
1 c. à c. de gros sel
1 feuille de laurier
60 g de beurre
2 c. à s. de ciboulette ciselée
1 c. à s. de persil plat ciselé
Sel, poivre du moulin

Lavez les pommes de terre sans les peler, puis déposez-les entières dans un faitout. Ajoutez le gros sel et le laurier et couvrez d'eau froide. Portez à frémissements, laissez cuire 20 min environ.

Égouttez les pommes de terre, puis pelez-les. Remettez-les dans le faitout et écrasez-les grossièrement. Faites chauffer à feu doux, incorporez le beurre en parcelles, en mélangeant à la cuillère.

Rectifiez l'assaisonnement et parsemez de ciboulette et de persil plat avant de servir.

Voir variantes p. 233

Variantes

Wedges de pommes de terre aux épices

Voir recette de base p. 211

Wedges de patates douces aux épices
Suivez la recette de base, en remplaçant les pommes de terre par 2 patates douces.

Wedges de pommes de terre au thym-citron
Suivez la recette de base, en parsemant les wedges d'un peu de thym-citron effeuillé, juste avant d'enfourner.

Wedges de pommes de terre à la marocaine
Suivez la recette de base, en remplaçant le cumin et le paprika par 1 c. à c. de ras-el-hanout. Parsemez les wedges de 1 gousse d'ail écrasée, avant de les enfourner.

Wedges de pommes de terre pimentées
Suivez la recette de base, en doublant la quantité de piment.

Wedges de pommes de terre persillées
Hachez finement ½ botte de persil plat et 1 belle gousse d'ail dégermée.
Suivez la recette de base. Au sortir du four, saupoudrez les wedges de cette persillade et mélangez pour bien les en enrober.

Variantes

Salade grecque

Voir recette de base p. 212

Salade grecque complète
Transformez votre salade en plat complet, en lui ajoutant 250 g de pois chiches au naturel égouttés et rincés, 1 poivron vert taillé en lanières et 1 c. à c. de câpres.

Salade grecque au fenouil
Suivez la recette de base, en ajoutant ½ bulbe de fenouil finement émincé.

Salade grecque océane
Suivez la recette de base, en ajoutant dans votre salade 2 à 3 tranches de truite fumée émincée. Remplacez les olives noires par des olives violettes et le basilic par de l'aneth.

Salade grecque aux artichauts
Suivez la recette de base, en ajoutant 2 cœurs d'artichauts marinés à l'huile d'olive, taillés en fines lamelles.

Salade grecque aux tomates cerises
Suivez la recette de base, en remplaçant les tomates par 250 g de tomates cerises rouges et jaunes, simplement coupées en deux. Ajoutez une gousse d'ail dégermée et finement hachée, en même temps que l'oignon rouge.

Variantes

Brocolis sautés à l'italienne

Voir recette de base p. 215

Farfalle et brocolis sautés à l'italienne
Faites cuire 150 g de farfalle (ou d'autres pâtes), puis égouttez-les. Suivez la recette de base, en ajoutant les pâtes dans la sauteuse, avec les brocolis cuits. Faites sauter ensemble, 1 à 2 min à peine.

Brocolis sautés à la sicilienne
Suivez la recette de base, en ajoutant 2 à 3 tomates séchées marinées à l'huile d'olive, finement émincées, et 6 olives noires coupées en rondelles. Faites sauter ensemble 2 min.

Brocolis sautés à l'aigre-douce
Suivez la recette de base, en ajoutant, en toute fin de cuisson, 1 c. à s. de sauce soja, 1 c. à c. de sirop d'érable (ou de miel) et 1 c. à c. de vinaigre de vin blanc.

Brocolis sautés façon thaï
Suivez la recette de base, en ajoutant, en fin de cuisson, 1 c. à s. de nuoc-mam, 1 c. à s. de sauce soja et 1 c. à s. d'huile de sésame. Parsemez de graines de sésame grillées à sec, au moment de servir.

Haricots verts sautés à l'italienne
Suivez la recette de base, en remplaçant le brocoli par 225 g de haricots verts.

Variantes

Salade de pommes de terre

Voir recette de base p. 216

Salade de pommes de terre aux pousses d'épinards
Suivez la recette de base, en ajoutant dans la salade 125 g de pousses d'épinards et une dizaine de radis roses coupés en fines rondelles.

Salade de pommes de terre aux cœurs de palmier
Suivez la recette de base, en ajoutant dans la salade 4 à 5 cœurs de palmiers, coupés en fines rondelles.

Salade de pommes de terre au thon
Suivez la recette de base, en ajoutant dans la salade 125 g de thon au naturel, égoutté et grossièrement émietté. Remplacez le persil plat par ½ botte d'aneth ciselée.

Salade de pommes de terre au curcuma
Suivez la recette de base, en saupoudrant la salade, au moment de la servir, d'un voile de curcuma en poudre.

Salade de pommes de terre aux olives et aux tomates séchées
Suivez la recette de base, en remplaçant les oignons nouveaux par une poignée d'olives noires et quelques tomates séchées finement émincées. Remplacez l'huile de tournesol de la sauce par de l'huile d'olive.

Variantes

Salade de haricots verts aux lardons

Voir recette de base p. 218

Salade de haricots verts aux lardons et à la tomate
Suivez la recette de base, en ajoutant 2 tomates coupées en quartiers.

Salade de pois gourmands aux lardons
Suivez la recette de base, en remplaçant les haricots verts par des pois gourmands. Remplacez l'oignon nouveau par 2 belles échalotes ciselées.

Salade de haricots verts aux lardons et aux amandes
Suivez la recette de base, en ajoutant sur la salade, au moment de la servir, 2 c. à s. d'amandes effilées grillées à sec.

Salade de chou blanc aux lardons
Suivez la recette de base, en remplaçant les haricots verts par 1/4 de chou blanc très finement émincé. Ajoutez dans la vinaigrette 1 c. à s. de yaourt brassé ou de crème fraîche, pour qu'elle nappe bien le chou blanc.

Variantes

Semoule de couscous à l'orientale

Voir recette de base p. 219

Semoule de couscous à l'orientale aux raisins secs
Suivez la recette de base, en ajoutant 40 g de raisins secs, en même temps que l'huile d'olive. Ils gonfleront légèrement au contact du bouillon chaud.

Semoule de couscous à l'orientale aux pois chiches
Suivez la recette de base, en ajoutant 100 g de pois chiches au naturel égouttés, en même temps que l'huile d'olive.

Taboulé de couscous
Suivez la recette de base, en laissant complètement refroidir la semoule. Doublez la quantité d'herbes fraîches, ajoutez 2 tomates émincées et assaisonnez d'un filet de jus de citron et de 2 c. à s. d'huile d'olive supplémentaire.

Semoule de couscous à la grecque
Suivez la recette de base, en ajoutant 1 tomate coupée en dés, 100 g de feta émiettée, 1 c. à c. de marjolaine ciselée et une poignée de petites olives noires.

Variantes

Pilaf aux haricots noirs

Voir recette de base p. 221

Pilaf au bœuf et aux haricots rouges
Suivez la recette de base, en faisant rissoler 150 g de viande de bœuf hachée, en même temps que l'oignon et l'ail. Remplacez également les haricots noirs par des haricots rouges et supprimez les tomates.

Kedgeree aux haricots noirs
Suivez la recette de base, en ajoutant dans le plat, au moment de servir, 200 g de haddock poché dans du lait, délicatement effeuillé.

Jambalaya aux haricots noirs
Suivez la recette de base, en faisant revenir dans la sauteuse, en même temps que l'oignon et l'ail, ½ chorizo coupé en fines tranches et 1 poivron vert coupé en lanières. Ajoutez 4 belles crevettes roses cuites, en fin de cuisson.

Pilaf au poulet et aux poivrons
Suivez la recette de base, en faisant rissoler 200 g de blanc de poulet coupé en lanières, en même temps que l'oignon et l'ail. Remplacez les haricots noirs par 1 poivron rouge et 1 poivron vert coupés en lanières.

Variantes

Dhal aux épinards

Voir recette de base p. 222

Dhal aux épinards et aux pois chiches
Suivez la recette de base, en ajoutant 200 g de pois chiches au naturel égouttés, à mi-cuisson.

Dhal aux épinards et à la tomate
Suivez la recette de base, en ajoutant 2 tomates taillées en dés, en fin de cuisson.

Dhal piquant aux épinards et au citron
Suivez la recette de base, en ajoutant 1 petit piment épépiné et émincé et le zeste râpé de ½ citron, dès le début de la cuisson.

Dhal aux épinards et aux œufs
Pour un plat pouvant servir de déjeuner complet, suivez la recette de base, en ajoutant dans le dhal cuit 2 œufs mollets, ou deux œufs durs coupés en quartiers.

Variantes

Écrasée de pommes de terre aux herbes

Voir recette de base p. 224

Purée de pommes de terre aux herbes
Suivez la recette de base, en incorporant 20 cl de lait frémissant dans la pulpe de pommes de terre, avant d'incorporer le beurre.

Écrasée de pommes de terre à la provençale
Suivez la recette de base, en remplaçant le beurre par 2 c. à s. d'huile d'olive et 1 gousse d'ail dégermée et écrasée. Pour servir, surmontez de dés de tomates et de quelques rondelles d'olives noires.

Écrasée de patates douces aux herbes
Suivez la recette de base, en remplaçant la moitié des pommes de terre par des patates douces.

Écrasée de pommes de terre au chou vert
Émincez 6 belles feuilles de chou vert, puis faites-les blanchir 3 min à l'eau bouillante salée. Faites-les ensuite suer dans une casserole avec une noix de beurre, 15 min à feu doux et à couvert. Suivez la recette de base, en incorporant ce chou émincé dans l'écrasée de pommes de terre, à la place des herbes.

Un peu de douceur

On ne résiste pas à l'envie d'une touche de sucré en fin de repas, même si l'on n'est pas un grand cuisinier et qu'on n'a pas envie de passer sa soirée à étaler une pâte sur votre plan de travail fariné... Les desserts de ce chapitre se préparent en quelques minutes, au dernier moment ou à l'avance, suivant vos envies et s'adaptant à votre planning.

Cheesecake aux fraises en verrines

Pour 2 personnes

Pas de cuisson à l'horizon pour ce petit cheesecake malin, présenté en verrine. N'hésitez pas à le préparer à l'avance : quelques heures ou même toute une nuit. Couvrez d'un film alimentaire et réservez au réfrigérateur.

4 spéculoos ou petit-beurre
8 fraises + 2 pour la finition
75 g de fromage frais (Philadelphia)
2 c. à s. de sucre glace
Quelques gouttes d'extrait de vanille liquide
90 g de crème fraîche épaisse
2 carrés de chocolat blanc

Émiettez les biscuits, puis répartissez-les dans 2 verres, sans trop les tasser. Équeutez et émincez les fraises, répartissez-les sur le dessus.

Travaillez le fromage frais avec le sucre glace et l'extrait de vanille liquide, puis incorporez la crème fraîche. Déposez cette préparation sur les fraises. Râpez le chocolat blanc sur le dessus, puis décorez des fraises pour servir.

Voir variantes p. 251

Poires belle-Hélène express

Pour 2 personnes

Un vrai dessert gourmand peut être élaboré à partir d'une simple boîte de fruits au sirop et d'un peu de chocolat traînant au fond d'un placard... Attention, c'est simple, mais c'est très bon !

4 demi-poires au sirop
2 boules de crème glacée à la vanille

Pour la sauce au chocolat
80 g de chocolat noir
12 cl de lait entier

Préparez la sauce au chocolat. Cassez le chocolat noir dans un bol, ajoutez le lait. Faites chauffer au four à micro-ondes, 1 à 2 min à 50 % de la puissance : le chocolat doit tiédir, sans réellement chauffer. Mélangez soigneusement, pour lisser.

Répartissez les demi-poires et les boules de crème glacée dans des coupes à glace, nappez d'un cordon de sauce au chocolat et servez le reste de sauce à part, en saucière.

Voir variantes p. 252

Mousse au chocolat

Pour 4 personnes

L'important, pour une mousse au chocolat réussie, est de ne pas trop fouetter les blancs en neige : il s'agit de former une neige encore coulante, qui s'incorporera ainsi parfaitement au chocolat fondu.

160 g de chocolat noir à 58 % de cacao
30 g de beurre
6 cl de crème liquide
3 blancs d'œufs
1 pincée de sel
20 g de sucre en poudre
4 c. à s. de minimarshmallows

Cassez le chocolat noir dans un bol, ajoutez le beurre et faites fondre au four à micro-ondes ou au bain-marie, sans laisser le chocolat vraiment chauffer. Hors du feu, incorporez la crème liquide.

Montez les blancs en neige avec la pincée de sel, puis serrez-les en y incorporant le sucre en poudre. Détendez le chocolat en incorporant vigoureusement un tiers de cette préparation, puis incorporez délicatement le reste de préparation, à la spatule.

Répartissez cette mousse dans 4 ramequins ou grands verres, placez au réfrigérateur au moins 2 h. Décorez de minimarshmallows avant de servir.

Voir variantes p. 253

Tours gourmandes

Pour 4 personnes

Ces desserts fort régressifs se préparent avec des biscuits aux pépites de chocolat prêts à l'emploi, mais vous devez absolument monter la crème Chantilly vous-même : la chantilly en bombe du commerce retombe en quelques minutes.

25 cl de crème liquide très froide
1 c. à s. de sucre glace
½ c. à c. d'extrait de vanille liquide
1 paquet de biscuits aux pépites de chocolat
Bonbons type M&M's, pour décorer

Montez la crème liquide en Chantilly en incorporant le sucre glace quand elle commence à prendre. Incorporez délicatement l'extrait de vanille liquide.

Déposez un biscuit sur une assiette, surmontez d'une cuillerée à café de chantilly, puis déposez un deuxième biscuit sur le dessus. Appuyez légèrement, pour faire ressortir la chantilly entre les biscuits. Montez ainsi des gâteaux en empilant 4, 5 ou même 6 ou 7 couches de biscuits successifs.

Placez au réfrigérateur au moins 6 h (idéalement, toute une nuit), pour que la crème imbibe bien les biscuits. Juste avant de servir, décorez de bonbons.

Voir variantes p. 254

Glace « magique » aux pépites de chocolat

Pour 2 personnes

Faire une crème glacée maison, ce n'est pas somme toute pas très compliqué : il suffit de préparer une crème anglaise, puis de la turbiner dans en sorbetière... Mais pour les petits malins qui ont envie d'une méthode plus rapide, nous proposons cette recette astucieuse, aux fabuleux airs de « chimie amusante »...

25 cl de lait entier très froid
1 c. à s. de sucre en poudre
½ c. à c. d'extrait de vanille liquide
30 g de pépites de chocolat

Pour la réaction chimique
6 c. à s. de gros sel
450 g de glace pilée

Procurez-vous deux sacs de type « congélation » fermant hermétiquement (idéalement munis d'une fermeture « double », avec deux zips parallèles), de 1,2 l et 3 l de contenance.

Mêlez tous les ingrédients dans le petit sac, fermez-le soigneusement hermétiquement. Déposez le petit sac dans le grand sac, ajoutez-y le gros sel et la glace pilée et fermez également le grand sac. Malaxez le tout longuement, en portant des gants : comptez environ 15 minutes. Pour récupérer la glace, ouvrez le grand sac au-dessus d'un évier, essuyez le petit sac et ouvrez ce dernier. Servez immédiatement.

Voir variantes p. 255

Rondelles d'ananas caramélisées

Pour 4 personnes

Un dessert à la fois simple et naturel, utilisant un vrai ananas frais, bien plus gourmand et juteux que des tranches d'ananas en boîte... À servir avec une boule de crème glacée à la vanille, pour un maximum de gourmandise.

1 bel ananas bien mûr
40 g de beurre fondu
60 g de cassonade
½ c. à c. de cannelle en poudre

Pelez un ananas, puis ôtez ses « yeux » avec un petit couteau pointu. Coupez-le en grosses tranches (1 cm environ) dans l'épaisseur, puis prélevez le centre des tranches au moyen d'un vide-pomme ou d'un petit emporte-pièce rond.

Préchauffez le four sur la position gril. Déposez les rondelles d'ananas dans un plat à four, badigeonnez-les de beurre fondu puis poudrez-les généreusement de cassonade et de cannelle. Enfournez pour 5 min environ, en surveillant bien la cuisson pour ne pas les laisser noircir.

Voir variantes p. 256

Salade de dattes à l'orange

Pour 2 personnes

Une salade de fruits typiquement hivernale, qui vous mènera pourtant jusqu'au Maroc par le bout des papilles. Ajoutez-y un filet d'eau de fleur d'oranger, pour une saveur vraiment exceptionnelle.

2 oranges à couteau
100 g de dattes dénoyautées, grossièrement concassées
2 c. à s. d'amandes effilées grillées à sec

Sirop
80 g de sucre cristallisé
1 c. à s. de jus de citron
1 pincée de cannelle en poudre

Pelez les oranges à vif, puis coupez-les en rondelles de 5 mm d'épaisseur environ, dans la largeur. Procédez sur une planche, pour récupérer le jus qui s'écoule. Versez celui-ci dans une casserole, ajoutez tous les ingrédients du sirop, ainsi que 5 cl d'eau. Portez à frémissements, laissez cuire 5 min. Coupez le feu et laissez refroidir.

Mélangez dans une jatte les tranches d'orange, les dattes concassées et le sirop refroidi. Couvrez d'un film alimentaire et placez au réfrigérateur au moins 30 min.

Pour servir, répartissez le sirop et les fruits dans deux coupes à dessert et parsemez d'amandes effilées.

Voir variantes p. 257

Crumble de fruits rouges

Pour 4 personnes

Le crumble est l'un des desserts les plus faciles à faire... et l'un de ceux que les gens préfèrent. Suivant la saison, utilisez indifféremment les fruits rouges disponibles sur les étals ou un simple mélange de fruits rouges surgelés.

2 pommes
250 g de fruits rouges
2 c. à s. de cassonade
1 c. à c. de jus de citron

Crumble
80 g de cassonade
80 g de flocons d'avoine
50 g de farine
1 pincée de sel
½ c. à c. de cannelle en poudre
80 g de beurre froid en parcelles

Préchauffez le four à 190 °C (th. 6/7). Pelez et épépinez les pommes, coupez-les en cubes, puis mélangez-les avec les fruits rouges, la cassonade et le jus de citron. Tassez le tout délicatement, dans un plat à four.

Mélangez dans une jatte tous les ingrédients du crumble, puis poudrez la préparation entre les paumes. Répartissez le tout sur les fruits, sans tasser.

Enfournez pour 30 min environ : surveillez la cuisson pour ne pas laisser brunir. Laissez légèrement tiédir hors du four avant de servir.

Voir variantes p. 258

Yaourt crémeux à la compotée de myrtilles

Pour 4 personnes

Voici comment améliorer facilement un simple yaourt à la grecque, une recette bien sûr adaptable avec du yaourt brassé ou du fromage blanc. Servez ce dessert avec quelques biscuits secs : langues de chat, cigarettes russes... que chacun y trempera voluptueusement.

Yaourt crémeux
2 yaourts à la grecque
2 c. à s. de sucre en poudre
1 sachet de sucre vanillé
15 cl de crème liquide très froide

Compotée de myrtilles
150 g de myrtilles
2 c. à s. de sucre en poudre
1 c. à c. de jus de citron

Préparez d'abord la compotée de myrtilles. Mélangez dans une casserole les myrtilles, le sucre en poudre et le jus de citron, faites chauffer à feu très doux, 10 min environ en mélangeant régulièrement. Coupez le feu, laissez tiédir.

Dans une jatte, mélangez le yaourt à la grecque, le sucre en poudre et le sucre vanillé. Montez la crème liquide en Chantilly, puis incorporez-la délicatement.

Répartissez le yaourt crémeux dans 4 coupes à desserts, puis nappez de compotée de myrtilles tiède. Servez tel quel ou marbrez délicatement, avec une pointe de couteau.

Voir variantes p. 259

Strudel aux pommes

Pour 4 à 6 personnes

Tous ceux qui ont peur de la pâte feuilletée peuvent se lancer sans complexes dans la préparation d'un strudel : il suffit de dérouler une pâte préétalée, d'y placer les pommes et de replier... Servez celui-ci accompagné de crème fraîche épaisse ou de crème anglaise.

2 pommes (reinettes, idared...)
Le jus de ½ citron
50 g de cassonade
100 g de raisins secs
1 c. à c. de cannelle en poudre
1 pâte feuilletée préétalée
1 c. à s. de lait
2 c. à s. d'amandes effilées
1 c. à s. de sucre glace

Préchauffez le four à 200 °C (th. 6/7). Pelez et épépinez les pommes, taillez-les en dés, citronnez-les pour les empêcher de noircir. Mettez-les dans une jatte, ajoutez la cassonade, les raisins secs et la cannelle et mélangez délicatement.

Déroulez la pâte feuilletée, répartissez la préparation précédente sur une bande centrale, puis refermez les deux côtés sur la garniture, en les chevauchant en portefeuille.

Badigeonnez de lait, puis parsemez d'amandes effilées. Enfournez pour 30 min environ. Laissez légèrement tiédir, puis poudrez de sucre glace avant de servir.

Voir variantes p. 260

Petits caramels mous à la vanille

Pour environ 36 caramels

Emballez ces caramels dans de petits carrés de cellophane alimentaire, glissez-les dans une jolie jarre munie d'un couvercle à vis et vous obtiendrez de magnifiques cadeaux à offrir à vos convives en guise de bienvenue.

100 g de sucre en poudre
100 g de beurre
350 g de lait concentré sucré
1 c. à c. d'extrait de vanille liquide
Huile de tournesol, pour le moule

Mélangez tous les ingrédients dans une casserole, portez à frémissements à feu moyen, en mélangeant régulièrement. Laissez cuire 4 à 5 min sans cesser de mélanger : la préparation doit épaissir et commencer à se détacher des parois de la casserole. Si vous avez un thermomètre à sucre, il doit indiquer de 113 °C à 116 °C.

Huilez soigneusement, avec un papier absorbant, un moule, de 15 × 20 cm environ, idéalement rectangulaire. Versez-y le caramel encore chaud, ne lissez pas. Laissez durcir à température ambiante, puis démoulez délicatement et découpez en carrés.

Voir variantes p. 261

Cheesecake aux fraises en verrines

Voir recette de base p. 235

Cheesecake à l'orange et au chocolat en verrines
Suivez la recette de base, en remplaçant les fraises par 2 oranges à dessert, pelées à vif et détaillées en quartiers. Remplacez également les spéculoos ou les petits-beurre par des biscuits au chocolat.

Cheesecake aux fraises et au muesli en verrines
Suivez la recette de base, en remplaçant les spéculoos ou les petits-beurre par 125 g de muesli ou de granola.

Cheesecake aux framboises en verrines
Suivez la recette de base, en remplaçant les fraises par des framboises fraîches ou surgelées. Si vous utilisez des framboises surgelées, préparez vos verrines au moins 3 h à l'avance, pour bien leur laisser le temps de décongeler.

Eton mess aux fraises
Suivez la recette de base, en remplaçant les spéculoos par quelques petites meringues émiettées.

Variantes

Poires belle-Hélène express

Voir recette de base p. 236

Poires belle-Hélène express aux amandes
Suivez la recette de base, en ajoutant quelques amandes effilées grillées à sec, au moment de servir.

Poires belle-Hélène express au caramel
Suivez la recette de base, en remplaçant le chocolat fondu par 15 cl de crème de caramel au beurre salé (type crème de Salidou).

Ananas belle-Hélène express
Suivez la recette de base, en remplaçant les poires au sirop par des rondelles d'ananas au sirop.

Banana split
Suivez la recette de base, en remplaçant les poires au sirop par des demi-bananes.

Sundae au chocolat
Supprimez les poires au sirop. Déposez directement les boules crème glacée à la vanille dans des bols ou ramequins, nappez de la sauce au chocolat et parsemez de noisettes concassées.

Variantes

Mousse au chocolat

Voir recette de base p. 239

Mousse au chocolat au lait
Suivez la recette de base, en remplaçant le chocolat par du chocolat au lait. Créez en joli contraste en le décorant de chocolat blanc râpé, à la place des minimarshmallows.

Mousse au chocolat au beurre de cacahuètes
Suivez la recette de base, en remplaçant le beurre par 40 g de beurre de cacahuètes (non sucré).

Mousse au chocolat au café
Suivez la recette de base, en ajoutant dans le chocolat fondu 2 c. à c. de café instantané en poudre.

Mousse au chocolat à la noisette
Suivez la recette de base, en remplaçant le beurre par 40 g de pâte de noisette (disponible en magasin bio).

Mousse au praliné
Suivez la recette de base, en remplaçant le chocolat noir par 200 g de praliné en tablette (type Pralinoise). Supprimez le beurre.

Variantes

Tours gourmandes

Voir recette de base p. 240

Tours gourmandes au café
Suivez la recette de base, en remplaçant l'extrait de vanille liquide par 1 c. à s. de café très fort, refroidi.

Tours gourmandes au chocolat
Suivez la recette de base, en parsemant chaque biscuit glacé d'un peu de chocolat au lait râpé, avant de les superposer.

Tours gourmandes à la fraise
Suivez la recette de base, en glissant une lamelle de fraise entre chaque biscuit, au moment de les superposer.

Tours gourmandes glacées
Suivez la recette de base, en remplaçant la crème Chantilly par un glaçage royal : fouettez vivement 125 g de sucre glace avec ½ blanc d'œuf et quelques gouttes de jus de citron. Vous devez obtenir une préparation bien brillante, peu coulante.

Variantes

Glace « magique » aux pépites de chocolat

Voir recette de base p. 241

Glace « magique » à la vanille
Suivez la recette de base, en supprimant les pépites de chocolat. Pour plus de saveur encore, remplacez l'extrait de vanille liquide par les graines d'une belle gousse de vanille.

Glace « magique » doublement chocolat
Suivez la recette de base, en ajoutant 1 c. à s. de cacao amer en poudre. Doublez la quantité de sucre.

Glace « magique » au Nutella
Suivez la recette de base, en ajoutant simplement 2 c. à s. de Nutella.

Glace « magique » au citron
Suivez la recette de base, en ajoutant le zeste râpé et le jus de ½ citron non traité. Supprimez l'extrait de vanille liquide, mais doublez la quantité de sucre.

Glace « magique » au miel
Suivez la recette de base, en remplaçant le sucre et les pépites de chocolat par 2 c. à s. de votre miel préféré.

Variantes

Rondelles d'ananas caramélisées

Voir recette de base p. 242

Mangues caramélisées
Suivez la recette de base, en remplaçant l'ananas par 2 petites mangues bien mûres. Coupez-les en deux et dénoyautez-les, mais faites-les griller en moitiés, avec la peau.

Bananes caramélisées
Suivez la recette de base, en remplaçant l'ananas par 2 belles bananes : pelez-les et coupez-les en deux dans la longueur avant de les badigeonner de beurre et de les poudrer de cassonade.

Nectarines caramélisées
Suivez la recette de base, en remplaçant l'ananas par 2 nectarines : coupez-les en deux et dénoyautez-les avant de les badigeonner de beurre et de les poudrer de cassonade. Supprimez la cannelle.

Rondelles d'ananas caramélisées aux amandes
Suivez la recette de base, en parsemant les tranches d'ananas d'amandes effilées, dès la sortie du four.

Rondelles d'ananas caramélisées aux épices
Suivez la recette de base, en pratiquant une incision dans l'épaisseur de chaque tranche d'ananas et en y glissant une gousse de vanille coupée en quatre dans la longueur. Poudrez-les également d'une pincée d'anis vert en poudre.

Variantes

Salade de dattes à l'orange

Voir recette de base p. 245

Salade de dattes à l'orange express
Suivez la recette de base, en remplaçant les deux oranges par 10 cl de jus d'orange de bonne qualité.

Salade de dattes à l'orange et à la grenade
Suivez la recette de base, en ajoutant les graines de ½ grenade.

Salade de dattes à l'orange et aux épices
Suivez la recette de base, en ajoutant simplement 2 étoiles de badiane et 1 bâton de cannelle dans le sirop.

Salade de dattes à la pêche
Suivez la recette de base, en remplaçant les oranges par 2 pêches pelées, dénoyautées et coupées en lamelles (pour les peler, plongez-les 10 secondes dans de l'eau bouillante, puis égouttez-les à l'écumoire et plongez-les dans de l'eau glacée).

Salade de fraises à l'orange et à la menthe
Suivez la recette de base, en remplaçant les dattes par 200 g de fraises entières ou coupées en quatre suivant leur taille. Ajoutez 2 branches de menthe fraîche dans le sirop refroidi, avant la phase de macération.

Variantes

Crumble de fruits rouges

Voir recette de base p. 246

Crumble pommes-framboises
Suivez la recette de base, en ajoutant une troisième pomme et en remplaçant les fruits rouges par 125 g de framboises. Mélangez-les très délicatement avec les cubes de pommes, pour ne pas les écraser.

Crumble de poires aux myrtilles
Suivez la recette de base, en remplaçant les pommes par 2 poires et les fruits rouges par des myrtilles.

Crumble de pommes à la vanille
Suivez la recette de base, en supprimant les fruits rouges et en utilisant 4 à 5 pommes en tout. Remplacez la cannelle du crumble par les graines d'une belle gousse de vanille.

Crumble de pêches à la lavande
Suivez la recette de base, en remplaçant les fruits rouges par 2 pêches pelées, dénoyautées et coupées en gros cubes. Ajoutez 1 pincée de fleurs de lavande dans le crumble.

Crumble de fruits rouges aux amandes
Suivez la recette de base, en remplaçant les flocons d'avoine par de la poudre d'amandes.

Variantes

Yaourt crémeux à la compotée de myrtilles

Voir recette de base p. 247

Yaourt crémeux à la compotée de framboises
Suivez la recette de base, en remplaçant les myrtilles par la même quantité de framboises.

Gaufres chaudes à la compotée de myrtilles
Suivez la recette de base, en servant la compotée de myrtilles sur de belles gaufres chaudes.

Pancakes à la compotée de myrtilles
Préparez les pancakes à l'avoine et aux myrtilles de la page 17, puis servez-les avec la compotée de myrtilles.

Yaourt crémeux à la compotée de myrtilles en verrines
Suivez la recette de base, en vous procurant également 100 g de granola ou de muesli. Montez des verrines en y alternant plusieurs couches de yaourt crémeux, de granola ou de muesli et de compotée.

Variantes

Strudel aux pommes

Voir recette de base p. 248

Strudel aux pommes et aux mûres
Suivez la recette de base, en remplaçant les raisins secs par 150 g de mûres fraîches ou surgelées.

Strudel aux pommes et à la ricotta
Suivez la recette de base, en ajoutant 100 g de ricotta dans la garniture. Incorporez également 2 c. à s. de poudre d'amandes, pour rendre la garniture plus compacte et l'empêcher de couler au cours de la cuisson.

Strudel aux pommes et au zeste de citron
Suivez la recette de base, en ajoutant le zeste finement râpé d'un citron non traité.

Strudel aux poires et aux raisins de Corinthe
Suivez la recette de base, en remplaçant les pommes par des poires et les raisins secs par des raisins de Corinthe.

Variantes

Petits caramels mous à la vanille

Voir recette de base p. 250

Petits caramels mous au cacao
Suivez la recette de base, en remplaçant l'extrait de vanille liquide par 2 c. à c. de cacao amer en poudre.

Petits caramels mous à la noix de coco
Suivez la recette de base, en supprimant l'extrait de vanille liquide. Après la cuisson, incorporez délicatement 2 c. à s. de noix de coco râpée dans le caramel, juste avant de le verser dans le moule huilé.

Petits caramels mous aux noix de pécan
Suivez la recette de base, en supprimant l'extrait de vanille liquide. Après la cuisson, incorporez délicatement 50 g de noix de pécan grillées à sec dans le caramel, juste avant de le verser dans le moule huilé.

Petits caramels mous au piment d'Espelette
Suivez la recette de base, en supprimant l'extrait de vanille liquide. Après la cuisson, incorporez délicatement 1 grosse pincée de piment d'Espelette dans le caramel, juste avant de le verser dans le moule huilé.

La main à la pâte

Il n'y a évidemment rien de plus fédérateur que les pâtisseries : vous saviez déjà l'immense plaisir de les déguster entre copains, vous allez découvrir l'incroyable pouvoir de les préparer également ensemble, en invitant chacun à mettre la main à la pâte… Au programme, brownies très moelleux, flapjacks croustillants ou cookies aux pépites de chocolat. Et pour les moins courageux, lancez-vous dans le tiffin : un incroyable gâteau… sans cuisson !

Brownies moelleux

Pour une douzaine de brownies

Un grand classique, qui trouvera facilement des goûteurs, quelle que soit l'heure de la journée... L'essentiel est de ne pas surcuire le gâteau : il doit rester moelleux à cœur. Servez vos brownies avec une boule de crème glacée, pour un dessert i-rré-sis-tible.

125 g de chocolat noir
70 g de beurre + 20 g pour le moule
160 g de sucre en poudre
2 œufs
½ c. à c. d'extrait de vanille liquide
75 g de farine + 20 g pour le moule
½ sachet de levure chimique

Préchauffez le four à 180 °C (th. 6). Faites fondre le chocolat avec le beurre, au bain-marie ou au four à micro-ondes. Mélangez soigneusement pour lisser.

À part, fouettez les œufs avec le sucre en poudre et l'extrait de vanille liquide jusqu'à blanchiment, puis incorporez la farine et la levure chimique tamisées ensemble.

Versez la pâte dans un plat à four beurré et fariné, lissez la surface à la spatule. Enfournez pour 25 à 30 min : le pourtour et le centre de la pâte doivent être juste pris. Laissez tiédir 15 min dans le moule hors du four, puis démoulez, coupez en parts et laissez refroidir sur une grille.

Voir variantes p. 276

Gâteau d'anniversaire à la vanille

Pour 2 personnes

Quel plus beau cadeau d'anniversaire qu'un véritable gâteau maison, avec son glaçage irrégulier et ses petits vermicelles ? Et si en plus il est délicieux comme celui-ci...

140 g de beurre
225 g de sucre en poudre
4 œufs
300 g de farine
1 sachet de levure chimique
15 cl de lait entier
1 c. à c. d'extrait de vanille liquide

Glaçage et finition
260 g de sucre glace tamisé
50 g de beurre ramolli
1 c. à c. d'extrait de vanille liquide
1 à 2 c. à s. de lait
Vermicelles en sucre multicolores

Préchauffez le four à 180 °C (th. 6). Faites fondre le beurre à feu doux dans une petite casserole, puis ôtez du feu et laissez refroidir. Dans une jatte, fouettez longuement les œufs avec le sucre en poudre, au fouet électrique, jusqu'à obtenir une préparation bien mousseuse.

Tamisez la farine avec la levure, puis incorporez-les progressivement. Incorporez le beurre fondu à la spatule, puis délayez délicatement avec le lait et l'extrait de vanille.

Beurrez et farinez 2 moules à manqué de 23 cm de diamètre, répartissez-y la pâte et lissez la surface à la spatule. Enfournez pour 30 min environ : la lame d'un couteau plantée au cœur des gâteaux doit en ressortir sèche.

Pour le glaçage, fouettez le sucre glace avec le beurre et l'extrait de vanille liquide, puis incorporez suffisamment de lait pour former une préparation épaisse mais fluide.

Versez ce glaçage sur les deux gâteaux, nappez à la spatule. Superposez les deux gâteaux, saupoudrez immédiatement de vermicelles en sucre. Laissez sécher à température ambiante au moins 1 h avant de servir.

Voir variantes p. 277

Flapjacks aux canneberges

Pour 9 à 12 barres

Ce biscuit classique britannique doit aux flocons d'avoine sa texture à la fois ferme et croustillante. Les anglais le préparent traditionnellement avec de la margarine et du « *golden syrup* », un sirop de glucose à la saveur caramélisée, mais il gagne forcément en saveur avec du beurre et du sirop d'érable...

125 g de beurre + 20 g pour le moule
225 g de cassonade
3 c. à s. de sirop d'érable ou de miel
180 g de flocons d'avoine
50 g de canneberges séchées
3 c. à s. de graines de potiron

Préchauffez le four à 180 °C (th. 6). Mélangez dans une casserole le beurre, la cassonade et le sirop d'érable ou le miel. Portez à frémissements, puis coupez le feu.

Mélangez dans une jatte les flocons d'avoine, les canneberges et les graines de potiron. Ajoutez le contenu de la casserole, mélangez vigoureusement pour obtenir une préparation homogène. Beurrez un plat à four, versez-y cette pâte et tassez soigneusement à la spatule.

Enfournez pour 15 à 20 min : le flapjack doit juste commencer à dorer. Ne le faites pas surcuire, car il durcirait. À la sortie du four, laissez tiédir 5 min, puis démoulez et découpez en rectangles avec un couteau à lame large.

Voir variantes p. 278

Petits cookies aux pépites de chocolat

Pour 30 biscuits environ

Ces petits cookies moelleux à cœur mais croustillants à l'extérieur sont très faciles à dresser sur les plaques : comme ils s'étalent à la cuisson, inutile de veiller à leur apparence. Pour la même raison, il est important de bien les espacer sur les plaques.

50 g de beurre ramolli
50 g de sucre en poudre
50 g de cassonade
1 œuf
½ c. à c. d'extrait de vanille liquide
150 g de farine tamisée
½ c. à c. de levure chimique
125 g de pépites de chocolat
65 g de noix de pécan concassées

Préchauffez le four à 190 °C (th. 6/7). Dans une jatte, travaillez le beurre avec le sucre en poudre et la cassonade jusqu'à obtention d'une pommade. Incorporez l'œuf et l'extrait de vanille liquide.

Tamisez ensemble la farine et la levure chimique, puis ajoutez-y les pépites de chocolat et les noix de pécan concassées. Versez le tout sur la préparation précédente et incorporez délicatement, à la spatule.

Déposez des boules de pâte avec une petite cuillère, bien espacées, sur 2 plaques tapissées de papier sulfurisé. Enfournez pour 8 à 10 min, suivant la taille des biscuits.

Pour obtenir des biscuits plus grands, façonnez des boules un peu plus grosses, et espacez-les davantage sur les plaques. Prolongez également légèrement la cuisson.

Voir variantes p. 279

Muffins moelleux à la banane

Pour 12 muffins

Les bananes sont l'ingrédient idéal pour donner du moelleux et de la consistance à des muffins. Les caissettes en papier sont vraiment magiques : grâce à elles, le démoulage des muffins est toujours parfait, et il devient inutile de beurrer les moules...

225 g de farine
1 c. à c. de bicarbonate de soude
½ sachet de levure chimique
½ c. à c. de sel
3 bananes mûres mais fermes
225 g de sucre en poudre
1 œuf
60 g de beurre fondu

Préchauffez le four à 180 °C (th. 6). Tamisez ensemble, dans une jatte, la farine, le bicarbonate de soude, la levure chimique et le sel.

À part, écrasez la chair des bananes, à la fourchette, puis incorporez le sucre, l'œuf et le beurre fondu. Incorporez la préparation précédente, sans trop travailler la pâte, pour ne pas aboutir à des muffins trop lourds. Répartissez le tout dans les 12 alvéoles d'un moule à muffins, garnies de caissettes en papier.

Enfournez pour 25 à 30 min : les muffins doivent être juste gonflés et dorés. Laissez tiédir 5 min, puis démoulez et laissez refroidir sur une grille.

Voir variantes p. 280

Palmiers à la cannelle

Pour une vingtaine de palmiers

Ces palmiers sont si faciles à préparer qu'on en est presque déçu au moment de les mettre en œuvre : des douceurs aussi simples ne pourraient se révéler à la hauteur à la dégustation, cela paraît complètement improbable... Et pourtant !

250 g de pâte feuilletée
Farine pour le plan de travail
40 g de beurre fondu
4 c. à s. de cassonade
1 c. à c. de cannelle en poudre

Étalez la pâte au rouleau sur un plan de travail fariné, en un rectangle bien régulier. Badigeonnez la pâte de beurre fondu, puis poudrez généreusement de cassonade et de cannelle.

Roulez la pâte bien serrée, depuis le petit côté du rectangle, jusqu'à la moitié du pâton. Roulez l'autre moitié à l'identique, pour obtenir deux boudins serrés l'un contre l'autre. Placez au réfrigérateur 1 h pour bien faire raffermir la pâte.

Préchauffez le four à 200 °C (th. 6/7). Avec un couteau à lame large, coupez la pâte en tronçons de 5 mm d'épaisseur environ. Déposez-les à plat sur 2 plaques tapissées de papier sulfurisé, en les espaçant légèrement (ils vont gonfler au cours de la cuisson). Badigeonnez-les de beurre fondu, saupoudrez-les de cassonade et de cannelle. Enfournez pour 10 min environ, jusqu'à ce qu'ils soient bien dorés. Laissez refroidir les palmiers sur une grille, pour bien les faire croustiller.

Voir variantes p. 281

Tiffin

Pour 9 à 12 pièces

Par ce nom rigolo, on désigne un gâteau au chocolat très tendre et moelleux, ultrafacile à préparer puisque… sans cuisson ! Simplement réfrigéré, on le découpe en carrés, qu'on peut ensuite servir à tout moment de la journée.

50 g de beurre ramolli
100 g de chocolat au lait
100 g de chocolat noir
2 c. à s. de sirop de sucre de canne
1 c. à c. d'eau de fleur d'oranger
140 g de petits-beurres
60 g de raisins secs
50 g d'orange confite

Mélangez dans une casserole le beurre, le chocolat au lait, le chocolat noir, le sirop de sucre de canne et l'eau de fleur d'oranger. Faites fondre à feu très doux, en mélangeant régulièrement. Ôtez du feu dès que la préparation est lisse.

Cassez les petits-beurres en gros morceaux (ne les émiettez pas) et ajoutez-les dans le chocolat fondu, ainsi que les raisins secs et l'orange confite, finement émincée. Mélangez délicatement. Versez dans un plat tapissé de papier sulfurisé, puis lissez la surface à la spatule.

Placez au réfrigérateur au moins 2 h, puis démoulez délicatement et découpez en carrés.

Voir variantes p. 282

Mugcakes café-noix glacés

Pour 2 personnes

Le mugcake est le parfait dessert des étudiants : sa cuisson ne nécessite qu'un four à micro-ondes, et ne prend que 2 minutes... Utilisez impérativement des mugs en plastique, en non en céramique : ils ne supporteraient pas ce mode de cuisson !

60 g de beurre fondu + 20 g pour les moules
4 c. à s. de cassonade
1 œuf
1 c. à s. de café très fort
4 c. à s. de farine + 20 g pour les moules
½ sachet de levure chimique
6 cerneaux de noix concassés

Glaçage et décoration
40 g de beurre ramolli
40 g de sucre glace tamisé
1 c. à c. de café très fort
2 cerneaux de noix

Dans une jatte, travaillez le beurre fondu avec la cassonade, puis incorporez l'œuf, le café, la farine, la levure chimique et les noix concassées. Fouettez vivement, pour obtenir une pâte homogène.

Répartissez délicatement cette préparation dans 2 mugs beurrés et farinés, sans les remplir davantage qu'aux deux-tiers. Faites-les cuire un à un dans un four à micro-ondes à 600 W de puissance (70 % de la puissance maximale de la plupart des fours à micro-ondes). Comptez 1 min 30 de cuisson environ (la durée de cuisson exacte dépend de la taille et de la forme du mug : procédez à des essais).

Après cuisson, laissez refroidir au moins 5 min. Pendant ce temps, préparez le glaçage : fouettez le beurre avec le sucre glace et le café, puis versez une fine couche de cette préparation sur chacun des deux mugcakes.

Placez un cerneau de noix sur le dessus et laissez sécher au moins 1 h à température ambiante.

Voir variantes p. 283

Variantes

Brownies moelleux

Voir recette de base p. 263

Brownies moelleux aux noix de pécan
Suivez la recette de base, en ajoutant 100 g de noix de pécan entières, en même temps que la farine.

Brownies moelleux aux canneberges
Suivez la recette de base, en ajoutant 125 g de canneberges séchées, en même temps que la farine.

Brownies moelleux doublement chocolat
Suivez la recette de base, en ajoutant 80 g de pépites de chocolat blanc, en même temps que la farine.

Brownies moelleux aux cacahuètes
Suivez la recette de base, en remplaçant la moitié du beurre par 2 c. à s. de beurre de cacahuètes. Ajoutez également 50 g de cacahuètes grillées, non salées, en même temps que la farine.

Brownies moelleux pralinés
Suivez la recette de base, en remplaçant le chocolat par la même quantité de praliné (Pralinoise).

Variantes

Gâteau d'anniversaire à la vanille

Voir recette de base p. 264

Gâteau d'anniversaire à la vanille, glaçage au chocolat
Cassez en morceaux 200 g de chocolat noir, mettez-les dans une jatte avec 50 g de beurre ramolli. Arrosez de 8 cl de crème liquide frémissante, laissez fondre 2 min, puis mélangez soigneusement pour lisser. Laissez légèrement tiédir. Suivez la recette de base, en remplaçant le glaçage par cette préparation.

Gâteau d'anniversaire façon fraisier
Montez en Chantilly 25 cl de crème liquide très froide avec 100 g de mascarpone et 1 c. à s. de sucre glace. Suivez la recette de base pour les deux biscuits, mais garnissez-les tous les deux de cette chantilly au mascarpone. Répartissez sur les biscuits 250 g de fraises bien mûres, coupées en deux ou quatre, avant de les déposer l'un sur l'autre.

Gâteau d'anniversaire au café
Suivez la recette de base, en remplaçant l'extrait de vanille liquide des biscuits et de la finition par de l'extrait de café.

Cupcakes à la vanille
Suivez la recette de base, en répartissant la pâte dans 18 moules à muffins garnis de caissettes en papier, et non dans des moules à manqué. Enfournez pour 20 min environ, puis laissez refroidir hors du four avant de garnir avec le glaçage, à la poche à douille.

Variantes

Flapjacks aux canneberges

Voir recette de base p. 267

Flapjacks aux raisins secs
Suivez la recette de base, en remplaçant les canneberges par 60 g de raisins secs.

Flapjacks aux noix de pécan
Suivez la recette de base, en remplaçant les canneberges par 50 g de noix de pécan grossièrement concassées.

Flapjacks aux canneberges enrobées de chocolat
Suivez la recette de base. Faites fondre 150 g de chocolat noir au bain-marie, puis retirez du feu et laissez légèrement tiédir. Trempez délicatement les flapjacks dans le chocolat fondu tiède, en les tenant du bout des doigts, de manière à les en enrober à moitié. Laissez refroidir sur une feuille de papier sulfurisé.

Flapjacks aux canneberges à la cannelle et aux pignons
Suivez la recette de base, en ajoutant 1 c. à c. de cannelle en poudre et en remplaçant les graines de potiron par 3 c. à s. de pignons de pin.

Petits cookies aux pépites de chocolat

Voir recette de base p. 268

Petits cookies aux 3 chocolats
Suivez la recette de base, en ajoutant 2 c. à s. de cacao amer en poudre dans la pâte à cookies. Supprimez les noix de pécan, mais utilisez deux sortes de pépites de chocolat : moitié chocolat blanc, moitié chocolat noir.

Petits cookies aux raisins de Corinthe
Suivez la recette de base, en remplaçant les pépites de chocolat par 150 g de raisins de Corinthe (ou de raisins secs blonds). Réduisez de moitié la quantité d'extrait de vanille liquide et ajoutez le zeste râpé de 1 orange non traitée.

Petits cookies au granola
Suivez la recette de base, en remplaçant les noix de pécan et les pépites de chocolat par 100 g de granola (ou de muesli).

Petits cookies aux pépites de chocolat et aux noix
Suivez la recette de base, en remplaçant les noix de pécan par 80 g de cerneaux de noix grossièrement concassées.

Variantes

Muffins moelleux à la banane

Voir recette de base p. 270

Muffins complets à la banane
Suivez la recette de base, en remplaçant la farine par de la farine complète (T80 à T110). Délayez si nécessaire la pâte avec 1 à 2 c. à s. de lait.

Muffins moelleux à la banane et aux raisins secs
Suivez la recette de base, en ajoutant dans la pâte 80 g de raisins secs.

Muffins moelleux à la banane et aux pépites de chocolat
Suivez la recette de base, en ajoutant dans la pâte 80 g de pépites de chocolat noir.

Muffins croustillants à la banane
Suivez la recette de base, en remplaçant l'une des bananes par 100 g de granola (ou de muesli).

Variantes

Palmiers à la cannelle

Voir recette de base p. 271

Palmiers au Nutella
Suivez la recette de base, en remplaçant le beurre fondu, la cassonade et la cannelle par du Nutella (comptez-en 4 à 5 cuillerées à soupe).

Palmiers aux raisins secs et à l'orange
Suivez la recette de base, en remplaçant la cassonade et la cannelle par 125 g de raisins secs blonds et le zeste râpé de 1 orange non traitée.

Palmiers au pesto et au parmesan
Suivez la recette de base, en remplaçant le beurre fondu, la cassonade et la cannelle par du pesto (basilic, pignons de pin, ail et huile d'olive).

Tortillons au pesto de tomates séchées
Suivez la recette de base, en remplaçant le beurre fondu, la cassonade et la cannelle par du pesto de tomates séchées. Taillez la pâte en rubans de 5 cm de longueur, repliez-les en deux et entortillez délicatement. Déposez sur une plaque tapissée de papier sulfurisé, badigeonnez de jaune d'œuf et enfournez.

Variantes

Tiffin

Voir recette de base p. 273

Tiffin aux marshmallows
Suivez la recette de base, en remplaçant les raisins secs et l'orange confite par 3 c. à s. de mini-marshmallows, 3 c. à s. de pépites de chocolat blanc et quelques cacahuètes grillées, non salées.

Tiffin choco-macadamia
Suivez la recette de base, en remplaçant les raisins secs par 100 g de chocolat au lait et 75 g de noix de macadamia grossièrement concassées.

Tiffin aux griottines
Suivez la recette de base, en remplaçant les raisins secs par 50 g de griottines bien épongées et 75 g d'amandes effilées.

Tiffin à la noix de coco et aux canneberges
Suivez la recette de base, en remplaçant les raisins secs par 40 g de noix de coco râpée et 100 g de canneberges séchées.

Variantes

Mugcakes café-noix glacés

Voir recette de base p. 274

Mugcakes café-chocolat glacés
Suivez la recette de base, en remplaçant les cerneaux de noix par 40 g de pépites de chocolat noir.

Mugcakes moka
Suivez la recette de base, en remplaçant les cerneaux de noix par ½ c. à c. de cacao amer en poudre. Décorez le gâteau avec un peu de chocolat noir râpé.

Mugcakes café-raisins secs
Suivez la recette de base, en remplaçant les cerneaux de noix par 80 g de raisins secs blonds.

Mugcakes café-pécan glacés
Suivez la recette de base, en remplaçant les noix par des noix de pécan.

Mugcakes café-noix glacés à la banane
Suivez la recette de base, en ajoutant des rondelles de banane dans le mugcake, avant de le faire cuire.

Index